Johannes Menath

Moderne Propaganda

80 Methoden der Meinungslenkung

Johannes Menath

Moderne Propaganda

80 Methoden der Meinungslenkung

zeitgeist
Print & Online

7. Auflage Januar 2025

Redaktionsschluss: Oktober 2022
Übersetzungen durch den Autor
Satz: Hoos Mediendienstleistung, Landau
Coverdesign: Grafikfee GmbH, Bingen
Druck und Bindearbeiten: CPI books GmbH, Leck

Printed in Germany
ISBN 978-3-943007-42-8

www.zeitgeist-online.de

Inhaltsverzeichnis

Die Bilder in unseren Köpfen

Wir sind täglich von professionell gestalteten Botschaften umgeben – jeden Tag sprechen fremde Menschen zu uns, ihre Stimmen dringen in Millionen Köpfe ein. Was bei der Massenkommunikation jedoch zu wenig bedacht wird, sind die enormen Einflussmöglichkeiten. Der Soziologe Paul Felix Lazarsfeld bemerkte im Jahr 1948, dass die Macht des Radios nur mit der Macht der Atombombe vergleichbar sei.[1] Heute müssen wir feststellen, dass die Medien unsere Kultur und unser Verhalten wohl noch tiefgreifender beeinflusst haben als die Kernkraft oder Massenvernichtungswaffen. Eine unsichtbare Wolke künstlicher Emotionen, Meinungen und Schlussfolgerungen umgibt den modernen Menschen. Propaganda kann Weltanschauungen verbreiten, Gehorsam oder Revolutionen erzeugen, Kriegen zum Ausbruch verhelfen und sie beenden, Politiker stürzen – oder zu Staatsoberhäuptern machen.

Seit über einhundert Jahren werden die Grundlagen und Möglichkeiten psychologischer Lenkung wissenschaftlich erforscht. Die Ergebnisse sind überall präsent, die Methoden selbst aber bleiben im Dunkeln. Die Erkenntnisse der Angewandten Psychologie füllen ganze Bücherregale, und durch ihr Studium lernt man die Emotionen und Beweggründe der Menschen einzuschätzen. In der Werbung werden die resultierenden Instrumente eingesetzt, um Bedürfnisse zu wecken, doch es gibt auch weniger offensichtliche Manipulationsmethoden, wie ein Blick auf die politische Beeinflussung oder die Kriegspropaganda zeigt. – Wie bringt man die Bevölkerung eines Landes dazu, in einen Krieg zu ziehen, den sie eigentlich nicht will? Wie bringt man sie dazu, ein Ziel zu verfolgen, das gegen ihre fundamentalen Interessen verstößt? Am besten funktionieren hier jene Techniken, bei denen sich der Beeinflusste gar nicht darüber bewusst ist, dass er manipuliert wird. Denn um sich wehren zu können, muss man die angewandten Mittel kennen, erst dann wird auch das dahinterliegende Konzept durchschaubar, und man beginnt die öffentliche Kommunikation mit neuen Augen zu sehen.

Wir dürfen niemals vergessen: Unsere Köpfe sind ein hart umkämpftes Terrain. Milliarden werden ausgegeben, um Gefühle in die Masse zu tragen, um Personen und Marken Bekanntheit zu verschaffen oder um bestimmte Interessen durchzusetzen. Daher sollte man sich fragen: Woher stammen meine Kenntnisse und Ansichten, woher meine Vorbehalte und spontanen Sympathien, woher mein Wissen über politische Verhältnisse? Einen Großteil davon hat man, das wird man sich eingestehen müssen, nicht durch eigene Erfahrungen erworben, sondern durch Vermittlung Dritter. Die Massenkommunikation entfesselt mithilfe der Instrumentalisierung psychologischer Effekte eine Gewalt, die für denjenigen unsichtbar bleibt, der in ihrem Bann steht. Hier besteht die Gefahr, sich in einem Netz aus Beeinflussung zu verfangen, das die Medienwelt ebenso durchzieht wie Schulen, Universitäten, Wirtschaft, Politik, Kultur und das öffentliche Leben.

Wer die Bilder in unseren Köpfen kontrolliert, der kontrolliert auch uns. Das gezielte Durchschauen versuchter Manipulation ist somit von fundamentaler Bedeutung für jeden Einzelnen. Jede Demokratie ist nur so stark wie das souveräne Bewusstsein der Wähler. Bildung, gerade auch in Hinblick auf Faktoren, die unsere Psyche beeinflussen, steht also am Beginn der Entwicklung zum mündigen Bürger.

»

Macht bedeutet, den menschlichen Geist zerpflücken und dann nach eigenem Gutdünken in neuer Gestalt wieder zusammensetzen zu können.«

George Orwell: 1984 (1949)

Das Methodenrepertoire, dessen sich ein geübter Propagandist bedient, kann wie eine Künstlerpalette gesehen werden, aus der er bald diese, bald jene Farbe auswählt, um sein Bild der Welt zu malen. Damit dieses nicht zu einem Teil unseres Realitätsempfindens wird, gilt es, sich gegen Einflussnahme und Verführung zu wappnen. Zur Wahrung der mentalen Unabhängigkeit gehört also in einem ersten Schritt das Wissen um die mannigfaltigen Möglichkeiten zur Manipulation, in einem zweiten Schritt das Überprüfen jedweder Information auf ihren Wahrheitsgehalt, etwa durch das Einnehmen verschiedener Blickwinkel und das Hinterfragen der Quellen.

Die in diesem Handbuch aufgeführten Methoden und Grundlagen moderner Propaganda mögen dabei helfen, die unterschiedlichen Instrumente der Meinungslenkung zu verstehen und dadurch frühzeitig zu erkennen. In Zeiten, in denen Presse und Medien nicht mehr ihrer originären Aufgabe als Korrektiv der politischen Macht nachkommen, ist es umso bedeutsamer, Widerstandskraft gegen Propaganda zu entwickeln. Und wenn Medienkonzerne selbst zur größten Macht im Staat zu werden drohen, sind mündige Bürger gefordert, einem Aushöhlen der Demokratie entgegenzuwirken.

80 Methoden der Meinungslenkung

Propaganda fußt auf einer Vielzahl von Instrumenten, die flexibel miteinander kombiniert werden können, um im Zusammenspiel große Wirkung zu erzielen. Die nachfolgenden Methoden sind in drei Kategorien einteilbar: Aufgezeigt werden solche, die bestimmte Meinungen erzeugen, und solche, die unerwünschte Ansichten zerstören. Die dritte Kategorie bilden Werkzeuge, die keine Propagandamethoden im engeren Sinn darstellen. Vielmehr handelt es sich hier um Maßnahmen zur Etablierung gesellschaftlicher Rahmenbedingungen, die eine Beeinflussung erleichtern. Da viele der vorgestellten Methoden aufeinander aufbauen, empfiehlt es sich, die Kapitel der Reihe nach durchzulesen.

1. Stereotypisierung

Die Basis vieler Manipulationstechniken ist die Stereotypisierung. Der Begriff »Stereotyp« wurde 1922 von dem US-amerikanischen Journalisten Walter Lippmann in seinem Werk »Die öffentliche Meinung« geprägt. Darin stellt er Erkenntnisse, Grundlagen und Phänomene der Massenpsychologie vor: Kein Mensch kennt die Welt, wie sie wirklich ist – jeder kennt nur sein ganz persönliches Bild von der Welt. Es setzt sich zusammen aus Ideen und Begriffen, die wir durch Lernen in uns aufgenommen haben, dabei handelt es sich notwendigerweise um eine Vereinfachung der unendlichen Komplexität und Mannigfaltigkeit der realen Sachverhalte. Lippmann zieht den Schluss, dass die Umwelt, die wir für unerschütterlich halten, letzt-

»

Ein Stereotypenmuster ist nicht neutral. Es ist nicht nur eine Methode, der großen, blühenden, summenden Unordnung der Wirklichkeit eine Ordnung unterzuschieben. Es ist nicht nur eine Abkürzung. Es ist dies alles und noch etwas mehr. Es ist die Garantie unserer Selbstachtung; es ist die Projektion unserer eigenen Empfindungen, unseres eigenen Werts, unserer eigenen Stellung und unserer eigenen Rechte auf die Welt. Die Stereotypen sind daher in hohem Grade mit den Gefühlen aufgeladen, die ihnen angeheftet werden.«

Walter Lippmann: Die öffentliche Meinung (1922)

endlich nur eine Pseudoumwelt ist, bestehend aus Grundannahmen, Vereinfachungen und Wertungen.[2]

Daraus ergibt sich, dass eine gezielte mediale Beeinflussung mittels Darbietung von Narrativen unser Bild der Welt zu formen und gewisse Teilbereiche sogar zu erzeugen vermag. Dies gilt vor allem für jene, die viele Aspekte nicht mehr aus eigener Erfahrung kennen und deshalb stark auf die Vermittlung durch die Medien angewiesen sind. Techniken wie das Framing, das Labeling, die Dämonisierung oder die Emotionalisierung beruhen auf der Konstruktion von Stereotypen.

2. Ansprache von Grundbedürfnissen

Dem US-Amerikaner Edward Bernays, einem Neffen Sigmund Freuds und Mitbegründer der modernen Public Relations, zufolge führt die Kopplung einer Botschaft mit einem menschlichen Grundtrieb zur erfolgreichen Aufnahme ins Bewusstsein und kann dazu verhelfen, ein gewünschtes Verhalten hervorzurufen. Als Grundtriebe nennt Bernays in seinem 1923 erschienenen Buch »Crystallizing Public Opinion« die Selbsterhaltung – wozu das Streben nach Nahrung, Gesundheit, Sex und Unterkunft zählt –, den Zorn, die Angst, die Eitelkeit, elterliche Fürsorge, Neugierde, Besitzlust sowie die Wünsche nach Selbstverwirklichung und nach

Geselligkeit.[3] Die Ansprache des Bedürfnisses nach Sex, Gesundheit oder Ansehen wird bekanntlich vor allem in der Werbung genutzt, um bestimmte Produkte zu verkaufen. Mit Zorn, Angst und Mitleid hingegen wird eher im politischen Bereich gearbeitet, um Botschaften zu übermitteln, etwa im Rahmen von Dämonisierungs- und Emotionalisierungstechniken.

3. Wiederholung

Die Wiederholung ist ebenfalls ein zentrales Mittel der Manipulation. Vor allem in der Werbebranche werden einprägsame Slogans kreiert, die sich mit der Zeit ins Unterbewusstsein einbrennen. Da hier die emotionale Vereinnahmung der Zielgruppe im Vordergrund steht, ist eine Vermittlung tiefgreifender Zusammenhänge unerwünscht. Doch auch in anderen Bereichen, etwa der politischen Öffentlichkeitsarbeit, ist das unermüdliche Wiederholen von Botschaften oberstes Gebot, von der Parteienwerbung bis zur Kriegspropaganda. Bereits Gustave Le Bon, der Begründer der Massenpsychologie, erkannte die Wichtigkeit und wies ihr einen hohen Stellenwert bei der Meinungserzeugung zu.

> »*Das Wiederholte befestigt sich so sehr in den Köpfen, dass es schließlich als eine bewiesene Wahrheit angenommen wird.*«
>
> Gustave Le Bon: Psychologie der Massen (1895)

4. Steuerung des Gruppendenkens

Der Mensch ist ein Wesen, das stark auf das soziale Gefüge angewiesen ist. Es gibt ihm Sicherheit, das zeigt sich in seiner ganzen Entstehungsgeschichte, von der Urzeit bis heute. Im Einklang mit der Gruppe zu stehen ist ein Grundtrieb des Menschen. Für die meisten ist es also wichtig zu wissen, wie die anderen zu bestimmten Sachverhalten stehen. Aus der Gruppe verbannt werden zu können, ist eine tief verwurzelte Urangst. Viele passen sich dann aufgrund eines tiefen Harmoniebedürfnisses ganz unbewusst dem Gruppendenken an, um dadurch ein Gefühl der Bestätigung zu erhalten.

Veranschaulichen lässt sich gruppenbezogenes Verhalten durch ein psychologisches Experiment von Solomon Asch aus dem Jahr 1951. Dabei wurde eine Versuchsperson in einen Raum mit sieben anderen Personen gesetzt, welche in das Experiment eingeweiht waren, was die Versuchsperson jedoch nicht wusste. Allen wurde die leicht lösbare Aufgabe gestellt, aus vier Linien die zwei mit gleicher Länge zu finden. Den eingeweihten Personen war aufgetragen worden, laut und deutlich die falsche Antwort zu geben. Die Versuchsperson, welche als Letzte an der Reihe war, nannte oft ebenfalls eine falsche Antwort. 74 Prozent der Probanden ließen sich auf diese Weise beeinflussen. Ihr Trieb nach Harmonie veranlasste sie dazu, etwas zu sagen, das sie selbst für falsch hielten, um nicht in Widerspruch mit den Aussagen der anderen zu geraten. Asch berichtet sogar von Versuchspersonen, die anfingen, die falschen Antworten als richtig zu betrachten, und sich keines Fehlers bewusst waren, was darauf hindeutet, dass selbst ihre Wahrnehmung der Beeinflussung unterlag.[4]

In der uns umgebenden medialen Welt ist die Ansprache der Gruppenmentalität in vielerlei Hinsicht zu beobachten. Das eingespielte Lachen bei Fernsehshows suggeriert etwa, dass andere Personen die Situation lustig finden, was sich auf den Zuschauer überträgt. Ebenso verhält es sich mit dem Klatschen bei Talkshows, welches die Zustimmung des Studiopublikums bezüglich der Beiträge verdeutlichen soll.

Grundsätzlich ist es bei der Werbung sowie der politischen Propaganda wichtig, dafür zu sorgen, dass die präsentierten Ziele von der Gruppe als eigene wahrgenommen werden. Dies spielt eine entscheidende Rolle dabei, dass viele Manipulationstechniken nachhaltiger greifen können, und ermöglicht letztendlich eine Meinungsmonopolisierung, welche es leicht macht, abweichende Stimmen zum Verstummen zu bringen.

5. Framing

Eine weitere wichtige Manipulationstechnik besteht darin, einen Deutungsrahmen (engl. frame = Rahmen) zu schaffen, welcher einen bestimmten Sachverhalt im gewünschten Licht erscheinen lässt, obwohl man ihn auch anders betrachten könnte. Ein Beispiel ist die Tatsache, dass Kriege oft damit begründet werden, man müsse den Menschen des Landes, gegen das man Krieg führt, »helfen«, man müsse ihnen »Freiheit und Demokratie bringen«. Der Deutungsrahmen, der hier erzeugt wird, lautet: »Wir führen Krieg für die Menschenrechte.« Ein anderer Kontext, den man stattdessen aufzeigen könnte, wäre zum Beispiel: »Wir führen Krieg für Rohstoffe« oder »Wir führen Krieg, um unsere geostrategische Machtposition auszubauen«, was in fast allen Fällen ein valideres Erklärungsmuster darstellt. Diese Hintergründe werden medial jedoch meist unterschlagen.

Framing wird nicht nur eingesetzt, um das Führen von Kriegen als gerechtfertigt darzustellen, sondern findet auch in anderen Bereichen der Berichterstattung Anwendung. Die einseitige Darstellung soll zu einer bestimmten emotionalen Reaktion führen und unerwünschte Denk- und Verhaltensmuster verhindern. Das Stimulieren von tief in uns verwurzelten Gefühlen der Zu- und Abneigung ist hier entscheidend, um das Verhalten beeinflussen zu können.

6. Monopolisierung

Wird ein bestimmter Sachverhalt immer nur aus einer Perspektive gezeigt, sodass man denkt, es gäbe nur diese eine, ist es leicht, die Meinung der Bevölkerung zu steuern.[5] Die Menschen beginnen zu glauben, dass es wahr sein muss, wenn es überall auf ähnliche Weise geschildert wird (Phänomen der Selbstbestätigung). Die Sicht der Dinge scheint dann alternativlos.

In ihrem eigentlichen Auftrag sind die Medien angehalten, ein ausgewogenes, pluralistisches Meinungsbild aufzuzeigen. Denn nur durch verschiedene Sichtweisen auf eine Sache kann der Bürger in eine neutrale Haltung kommen, die wiederum Voraussetzung für um- und weitsichtige Entscheidungen wäre.

Wird ein Thema jedoch stets auf ein und dieselbe Art und Weise präsentiert, verleitet das zu dem Schluss, es handle sich um die alleinige Wahrheit, und es suggeriert, dass derjenige doch verrückt sein muss, der eine andere Ansicht vertritt. Dies führt dazu, dass kritisch denkende Menschen zu Außenseitern abgestempelt werden, sobald sie ihren Standpunkt äußern. Folglich halten sich viele zurück und setzen so die sogenannte »Schweigespirale« in Gang.[6] Ein Teufelskreis aus einseitiger Berichterstattung und immer größer werdender Angst, sich abweichend zum Meinungsmonopol zu äu-

»*Propaganda neigt dazu, das Individuum in einem sehr speziellen Universum gedeihen zu lassen: Es darf keinerlei äußere Bezugspunkte geben. Verhindert werden muss, dass es sich in einem Sinn suchenden, nachdenklichen Moment ins Verhältnis zur Propaganda setzt. Denn in diesem Moment würde das Individuum den Fängen von Propaganda entwischen. Ist sie aber gut gemacht, muss jeder Augenblick im Leben des Individuums durch diese Propaganda besetzt sein, Plakate und Lautsprecher überall dort, wo es entlangläuft, Radio und Zeitung zu Hause, Treffen und Kino am Abend.*«

Jacques Ellul: Propaganda (1962)

ßern, unterbindet daraufhin jeden Diskurs. Die Medien sind zum einzigen Organ geworden, das die öffentliche Meinung bestimmt.

Selbst eigene Erfahrungen, nachprüfbare Fakten und logische Schlussketten können dann der vorherrschenden Propaganda nicht mehr entgegenwirken, denn sie werden ignoriert, umgedeutet oder als Zufall eingestuft, welcher die medial erzeugte Scheinrealität nicht infrage stellt. Eine solche Monopolisierung kann nur durch Information aus erster Hand überwunden werden. Die Bringschuld wird dann zur Holschuld, was eigene Quellenrecherche unumgänglich macht. Außerdem gilt es, sich mit Menschen aus der eigenen näheren Umgebung auszutauschen, um kommunikative Einbahnstraßen, wie beim Konsum von Massenmedien, zu umgehen. Ein direkter Austausch kann jedoch durch Diskursregulation und Tabuisierung erschwert werden.

7. Die Lüge

Eine Technik, welche wir besonders mit Manipulation in Verbindung bringen, ist die Lüge. Und spätestens seit der Causa Relotius wissen wir, dass Unwahrheiten auch in der etablierten Presse veröffentlicht werden.[7] Doch dieser Fall ist noch harmlos, wenn man ihn mit der bereitwilligen Verbreitung politischer Lügen vergleicht, etwa den erfundenen Massenvernichtungswaffen im Irak im Jahr 2003, was zu einem verhängnisvollen Krieg führte. In beiden Fällen kann selbst bei nachträglicher Richtigstellung der verursachte Schaden nicht

> »*Die Lüge ist eine anerkannte und extrem nützliche Waffe im Krieg, und jedes Land verwendet sie durchaus vorsätzlich, um das eigene Volk zu täuschen, Neutrale anzuziehen und den Feind in die Irre zu führen.*«
>
> Arthur Ponsonby: Die Lüge in Kriegszeiten (1928)

wiedergutgemacht werden. Besonders das Zusammenspiel von Lüge und Monopolisierung erschwert das Hinterfragen von Narrativen, da die Omnipräsenz der erfundenen Version alternative Sichtweisen undenkbar macht.

Die Lüge ist jedoch ein relativ riskantes Werkzeug, da sie auf den Lügner zurückfallen kann. Um den gewünschten Effekt zu erzielen, stehen wesentlich sicherere und subtilere Mittel zur Verfügung.

8. Verschweigen

Auch durch gezielte Auslassung bestimmter Sachverhalte und eine Hervorhebung anderer, beispielsweise durch Wiederholung, lässt sich ein einseitiges Bild der Welt erzeugen und als Realität darstellen, ohne dabei wirklich lügen zu müssen. Diese Propagandatechnik findet auch beim »Framing«, beim »Labeling« und bei der »Fragmentierung« Verwendung.

Um einen politischen Gegner zu diskreditieren, werden etwa dessen Hauptargumente ignoriert, dafür wird eine nebensächliche negative Eigenschaft betont, mit Kampfbegriffen versehen und so lange wiederholt, bis jeder ein Zerrbild vor Augen hat. Dieses führt dann dazu, dass niemand mehr das Original zur Kenntnis nimmt. Das ist der entscheidende Punkt bei diesem Vorgehen: Es soll verhindern, dass die Gegenmeinung gehört wird. Denn würde das Publikum die Argumente beider Seiten kennen und vergleichen können, bestünde die Gefahr, dass es sich eine differenzierte Meinung bildet und Diffamierungsversuche durchschaut.

9. Scheindebatten

Um eine Monopolisierung zu verschleiern und von kritischen Fragen abzulenken, kann eine Scheindebatte geführt werden. Der Linguist Noam Chomsky nennt in seinem Buch »Media Control« das Beispiel Nicaragua. In den USA gab es 1986 eine Debatte darüber, ob man die dortige Regierung durch Unterstützung der militanten »Contras« oder besser durch einen Wirtschaftskrieg stürzen solle. Über diese Frage wurde in den Medien ausführlich diskutiert. Hierbei ist es jedoch egal, welche der beiden Seiten gewinnt, denn die Prämisse, dass die Regierung des mittelamerikanischen Landes gestürzt werden soll, gilt für beide Fälle. Durch solche Scheindebatten wird die Illusion eines freien Diskurses aufrechterhalten, doch bestimmte, außerhalb dieses eng abgesteckten Rahmens stehende Ansichten werden unsichtbar gemacht. Menschen, welche die Ansicht vertreten, dass ein Krieg generell abzulehnen ist und dass es falsch ist, sich in die Angelegenheiten fremder Länder einzumischen und deren Regierungen zu stürzen, kommen nicht zu Wort. So kann in den Medien und sogar in der Bevölkerung ununterbrochen diskutiert werden, ohne dass die Debatte einen unerwünschten Ausgang nehmen könnte. Bestimmte Deutungen werden dadurch sogar noch untermauert.[8]

»

Der schlaueste Weg, um Menschen passiv und gehorsam zu halten, ist, das Spektrum an akzeptabler Meinung streng zu beschränken, aber eine lebhafte Debatte innerhalb dieses Spektrums zu ermöglichen - und sogar die Kritischeren und die Dissidenten zu fördern. Das gibt den Menschen das Gefühl, dass freies Denken gewährleistet ist, während die Voraussetzungen des Systems durch die Grenzen der Diskussion gestärkt werden.«

Noam Chomsky: The Common Good (1998)

10. Das Wechselspiel zur Stärkung der Autorität

Autorität ist ein zentraler Faktor bei der Gestaltung der öffentlichen Meinung. Sie schafft Glaubwürdigkeit und erlaubt es, die eigenen Narrative durchzusetzen und fremde Ansichten zu delegitimieren. Hier gilt, dass Politik und Presse durch wechselseitige Bestärkung ihrer Autorität an Einfluss gewinnen können.[9] Indem ein hochrangiger Politiker einer bestimmten Zeitung oder einem bestimmten Fernsehsender ein Interview gibt oder exklusive Informationen zukommen lässt, signalisiert er, dass er das Medium für seriös hält, und stärkt so dessen Autorität. Wenn dann das Medium positiv über den Politiker berichtet, wird wiederum dessen Autorität gestärkt. Andernfalls würde es womöglich keine exklusiven Informationen mehr erhalten und an Einfluss einbüßen. Eine solche Belohnung von Gehorsam und Bestrafung von Abweichung führt zu einer Spirale der Konformität zwischen Politik und Medien. Ein Schema, das sich auch auf Wissenschaft, Justiz, Wirtschaft und Bildung übertragen kann. Diese Machtzentren können nun politische und mediale Diffamierungskampagnen gegen Andersdenkende ausführen und so deren Einfluss herabsetzen, was zu einer weiteren Machtkonzentration führt.

» *Das Verhältnis zwischen Journalisten und ihren Quellen ist eine Symbiose, bestimmt vom Tauschgeschäft ›Informationen gegen Publizität‹: Der Journalist bekommt Informationen und verschafft im Gegenzug seiner Quelle (oder deren Anliegen) Öffentlichkeit. Doch dieses Tauschgeschäft muss erst einmal zustande kommen – und Entscheider, die es sich aussuchen können, geben Hintergrundwissen, Exklusiv-Informationen oder Interviews am ehesten jenen Journalisten, mit denen sie auf einer Wellenlänge liegen und von denen sie keine ernsthafte Gefahr für die eigene Position befürchten müssen.«*

Uwe Krüger: Mainstream (2016)

11. Erzeugen einer kognitiven Dissonanz

Von kognitiver Dissonanz spricht man, wenn jemand innerlich mit zwei widersprüchlichen Anschauungen kämpft. Dazu können viele der hier beschriebenen Techniken führen, wenn Menschen mit vom Monopol abweichenden Informationen konfrontiert werden, die nicht in ihr bisheriges Weltbild passen. Da der Zwiespalt als unangenehm empfunden wird, strebt die betroffene Person nach dessen Auflösung. Diese kann erreicht werden, indem sie anerkennt, dass sie sich in Bezug auf einige Themen, die sie vorher für wahr hielt, geirrt haben könnte, und sie sich deshalb nun sachlich mit der neuen Information auseinandersetzen muss. Da dieser Weg das Infragestellen langjähriger Überzeugungen erfordert, wird er von den meisten Menschen nicht beschritten. Der nötige Zeit- und Energieaufwand schreckt ab.

Ein üblicher Reflex besteht deshalb darin, den Wahrheitsgehalt der neuen Information emotional abzulehnen bzw. radikal zu leugnen und jede Diskussion zu blockieren, um sich nicht mit etwas beschäftigen zu müssen, was der alten Anschauung widerspricht. Dies ist eine große Hürde, die jedes sachliche Gespräch verhindert, sodass keine faktenbasierte Debatte zustande kommen kann. Die Person sieht nur, was sie sehen will, hält nur das für wahr, was sie wahrhaben will. Die Reaktion sorgt dafür, dass jemand Fakten nicht glaubt, auch wenn man sie glasklar aufzeigt.

Die Aufhebung einer solchen Abwehrhaltung ist ein langwieriger Prozess, bei dem es mehr auf emotionales Verständnis als auf sachliche Ausführungen ankommt. Kognitive Dissonanz hängt oft mit Autoritätsgläubigkeit und falschen Idolen zusammen. Es gilt daher, das dahinterliegende Ideengeflecht zu entwirren. Da die Medien Autorität erzeugen, spielen sie eine zentrale Rolle bei der Schaffung solcher Zustände. Schutz bietet das Betrachten und Abwägen unterschiedlicher Positionen, etwa durch Hinzuziehen ausländischer oder unabhängiger Medien als Nachrichtenquelle. Umgekehrt läuft derjenige, der immer nur dieselben Perspektiven vor Augen hat (Stichwort Filterblase), Gefahr, ein festgefahrenes Weltbild zu entwickeln.

12. Agenda Setting

Die Medien können durch positive Berichterstattung Autorität erzeugen und durch Diffamierungskampagnen diese wieder vernichten. Und sie haben die Macht, zu entscheiden, welche Themen als wichtig erachtet werden sollen und welche nicht. Indem über bestimmte Bereiche verstärkt oder überhaupt berichtet wird, geht der Konsument davon aus, sie seien bedeutsamer als andere. Ein solches Vorgehen nennt man Agenda Setting: Etwas wird durch die Medien »auf die Tagesordnung gesetzt«. Dies kann auch dazu dienen, von unerwünschten Themen abzulenken oder die Bevölkerung mental auf politische Entscheidungen vorzubereiten. Füllt etwa plötzlich das »Regime« eines bestimmten Landes die Nachrichten, das vor einigen Monaten noch unwichtig zu sein schien, ist dies häufig Anzeichen eines bevorstehenden Konflikts.

Wenn bestimmte Themen den medialen Diskurs dominieren und andere verdrängen, hängt dies nicht immer mit einer tatsächlichen Relevanzverschiebung zusammen, sondern mit einer veränderten politischen Agenda. Die Medien greifen dann also keine gesellschaftliche Diskussion auf, vielmehr erzeugen sie diese durch selbsterfüllende Prophezeiung, indem sie ein Thema für relevant erklären, den Fokus darauf lenken und es häufig überemotional aufbereiten. Hinter solchen Medienkampagnen verschwinden komplexe Prozesse, die das gesellschaftliche und wissenschaftliche Leben aber ausmachen, aus dem Blickfeld. Beliebt ist beispielsweise die Reduzierung auf einen monokausalen Zusammenhang, also das Herausheben einer einzigen Ursache, was der Komplexität und den Wechselwirkungen in unserer mikro- und makroskopischen Welt alles andere als gerecht wird. Das Postulat einer Monokausalität hat indes den Vorteil, dass gewünschte politische Entscheidungen und Maßnahmen daran festgemacht werden können.

13. Die Nutzung des Primacy-Effekts

Der frühe Vogel fängt den Wurm, diesen Grundsatz macht sich auch die Propaganda zunutze. Der Primacy-Effekt besagt, dass Menschen in der Regel das erste Narrativ glauben, das ihnen zu einem bestimmten Thema präsentiert wird. Derjenige, der die Bevölkerung schnell mit seiner Interpretation des Geschehens versorgen kann, hat einen Vorsprung gegenüber langsameren Akteuren, welche zunächst die vorherige Version widerlegen müssen, um ihre eigene Darstellung glaubhaft machen zu können. Der Primacy-Effekt wird beispielsweise bei der Diffamierung genutzt: Wenn man dem Publikum ein negatives Bild des politischen Gegners einpflanzen kann, bevor es überhaupt die Möglichkeit hatte, ihn kennenzulernen, dann stellt das einen großen Vorteil dar. Viele Menschen lassen sich durch das medial gezeichnete Bild so abschrecken, dass sie das Original gar nicht erst ansehen möchten.

Wenn sich das Bild dann mittels Wiederholung und Autorität in die Köpfe brennt, erweist sich der Primacy-Effekt als große Hürde bei der Verbreitung von Sichtweisen, die vom Monopol abweichen, da das Publikum den zuerst vermittelten Eindruck für die eigene Meinung hält. Die konträre Darstellung kann zudem eine kognitive Dissonanz erzeugen, woraufhin das Publikum entsprechend ablehnend reagiert. Der Primacy-Effekt erklärt auch, weshalb die Indoktrination kleiner Kinder für propagandistisch beherrschte Staaten einen hohen Stellenwert besitzt.

14. Fragmentieren

Fragmentieren bedeutet so viel wie Zerstückeln. Diese Methode wird bei der Weitergabe von Nachrichten genutzt. Ein umfassendes Verständnis des Sachverhalts wird dadurch verhindert, da dieser nur bruchstückhaft und nicht in seinem vollen Umfang dargestellt wird.[10] Das ist beispielsweise der Fall, wenn in den Nachrichten etwa eine Minute lang über einen Bürgerkrieg gesprochen wird, für eine zweite Minute über eine Aussage des US-Präsidenten und für eine dritte Minute über den Euro. Das Publikum denkt, es sei über diese Themen kurz, aber ausreichend in Kenntnis gesetzt worden, obwohl dies in drei Minuten nicht zu erreichen ist. Somit wird eine Illusion der Informiertheit erzeugt.

Die tägliche Berieselung mit Informationsbruchstücken lässt ein emotionales Zerrbild zurück. Fundiertes Hintergrundwissen kann indes nur unter Zeitaufwand erarbeitet werden. Am Lesen von Büchern beispielsweise führt also kein Weg vorbei.

15. Spaltung

Nach dem Prinzip der Spaltung – »divide et impera«, »entzweie und gebiete« – wurde schon im römischen Imperium Politik betrieben. Der dadurch erzeugte Bruch kann entlang gesellschaftlicher, religiöser, ethnischer und politischer Linien verlaufen, heute zum Beispiel zwischen Mann und Frau, Alt und Jung, Schiiten und Sunniten, Einwanderern und Einheimischen oder Progressiven und Konservativen. Die Aufspaltung der Bevölkerung in verschiedene kleine Gruppen, welche hauptsächlich ihr Eigeninteresse im Sinn haben, erleichtert die Kontrolle, da die Menschen unter sich zu zerstritten sind, um ihr Augenmerk auf den Spalter zu richten.

Die Spaltung einer Volksgruppe etwa könnte man als »demografische Kriegsführung« bezeichnen. Auf diese Weise wird es möglich, den Gemeinwillen einer Bevölkerung zu brechen, was sich am Beispiel Tibets beobachten lässt: China siedelt dort massenhaft chinesische Bürger an, um die Bevölkerungshomogenität aufzulösen und so das Land unter Kontrolle zu bringen.[11] Mit derselben Taktik festigte das antike Rom seine Herrschaft im gesamten Mittelmeerraum. Sie wurde schon 1513 in Niccolò Machiavellis wegweisender Schrift »Der Fürst« als wirksames Mittel der Herrschaftssicherung beschrieben. Doch lassen sich noch andere Szenarien entwerfen. Nehmen wir an, ein Land würde ein zweites Land durch Sanktionen und durch die Unterstützung militanter Gruppen so destabilisieren und ins Chaos stürzen, dass die Menschen massenhaft die Flucht ergreifen. Nun könnte das erste Land die Geflüchteten als Mittel der demografischen Kriegsführung gegen ein drittes Land verwenden, dessen Bevölkerung auf diese Weise fragmentiert wird. So könnten zwei Staaten auf einmal geschwächt werden.

» *Die Römer führten ihre Sache in den eroberten Provinzen sehr gut, sandten Kolonien hin, unterstützten die Schwachen, ohne sie zu stark werden zu lassen, demütigten die Mächtigen und ließen das Ansehen mächtiger Fremder nicht aufkommen.«*

Niccolò Machiavelli: »Der Fürst« (1513)

16. Ablenkung

Ein weiteres Prinzip, das schon aus dem alten Rom bekannt ist, lautet »panem et circenses«, »Brot und Spiele«, was heute »Fast Food und Fernsehen« heißen könnte. Wenn man die Bevölkerung in einen Dämmerzustand versetzt, indem man sie durch seichte Unterhaltungssendungen, Fußballturniere, Computerspiele, Shopping-Events, Festivals und Freizeitparks bei Laune hält, wird sie von brennenden gesellschaftlichen Themen abgelenkt. Das Niveau des politischen Bewusstseins kann auf diese Weise so abgesenkt werden, dass jede Beschäftigung mit ernsten Themen oder gar Staatsangelegenheiten als langweilig und als nervenaufreibende Störung des allgegenwärtigen Vergnügens empfunden wird, was die Möglichkeit einer autonomen Entscheidungsfindung vollends untergräbt.

17. Informationsüberflutung

Mit der Ablenkung verwandt ist das Konzept der Informationsüberflutung: Durch permanente Überflutung mit teils relevanten, teils irrelevanten Informationen, die nur ein oberflächliches Bild der Lage zeichnen, kann die Bevölkerung den großen Zusammenhang nicht mehr erkennen. Paul Lazarsfeld und Robert Merton nennen dies die »narkotische Dysfunktion« der Medien.[12] Indem Unmengen Belangloses zur Verfügung gestellt wird, ist man derart mit dem Medienkonsum beschäftigt, dass man vergisst, etwas zu unternehmen, um die eigene Situation zu verbessern. Die Medien sind so eines der bedeutendsten sozialen Narkotika. Sie rufen eine psychische Abhängigkeit hervor und betäuben den Handlungsdrang sowie das kritische Urteilsvermögen durch eine permanente Flut an fragmentierten Inhalten.

18. Atomisierung

Atomisierung bedeutet die Aufspaltung der Bevölkerung in deren kleinstmögliche Einheit, das Individuum. Dieses hat keine tiefgreifende Verbindung zu den anderen Menschen in seiner Umgebung. Jeder kümmert sich nur noch um sich selbst, somit

»

Ich glaube also, daß die Art der Unterdrückung, die den demokratischen Völkern droht, in nichts der Unterdrückung gleichen wird, die es früher in der Welt gegeben hat; ... ich sehe eine zahllose Menge einander ähnlicher und gleicher Menschen, die sich ohne Unterlaß um sich selbst bewegen, um sich kleine und vulgäre Freuden zu verschaffen, die ihre Seele ausfüllen. Jeder von ihnen sondert sich ab und verhält sich dem Schicksal aller anderen gegenüber wie ein Fremder. Seine Kinder und seine persönlichen Freunde sind für ihn die ganze Menschheit. Was seine übrigen Mitbürger anbetrifft, so befindet er sich zwar neben ihnen, aber er sieht sie nicht. Er berührt sie, aber er empfindet sie nicht. Er existiert nur in sich und für sich allein, und wenn ihm auch noch eine Familie geblieben ist, so kann man sagen, daß er kein Vaterland mehr hat.
Über ihnen allen aber erhebt sich eine ungeheure Vormundschaftsgewalt, die allein sich damit befasst, ihre Annehmlichkeiten zu sichern und über ihr Ergehen zu wachen. ... Sie wäre der väterlichen Gewalt zu vergleichen, wenn wie bei dieser das Ziel die Erziehung zum erwachsenen Menschen wäre; aber sie sucht im Gegenteil, den Menschen unabänderlich im Zustand der Kindheit zu halten.«

Alexis de Tocqueville: Über die Demokratie in Amerika, 2. Band (1840; vollständiges Zitat im Anhang)

ist kein Gemeinwesen mehr vorhanden. Das Hauptaugenmerk des Einzelnen richtet sich auf die Befriedigung spontaner Gelüste durch den Konsum von Produkten wie zum Beispiel Autos, Inneneinrichtung oder Mode. Diese werden von großen Konzernen produziert und auf dem Warenmarkt angeboten. Damit man sich diese Produkte leisten kann, benötigt man Geld, was den Konsumenten dazu zwingt, seine Arbeit auf dem Arbeitsmarkt an diese Konzerne zu verkaufen. So schließt sich der Kreis aus Arbeit und Konsum, in dem der atomisierte Mensch sein ganzes Leben wie in einer Tretmühle verbringt. Ideale, die seinem Dasein einen höheren Sinn verleihen würden, kennt er nicht. Die Politik interessiert ihn nur im Hinblick auf Eigeninteressen.

Schon der französische Diplomat Alexis de Tocqueville erkannte, dass in einer Gesellschaft, in der keine natürlich gewachsenen Gemeinschaften mehr existieren, die Bevormundung erleichtert wird. Die Herrschaft muss dann nicht mehr über organisierte Gruppen ausgeübt werden, sondern lediglich über eine kopflose Masse an Einzelindividuen.[13]

19. Programmierung

In mancherlei Hinsicht kann die Bevölkerung wie ein Computersystem betrachtet werden, in das die gewünschte Meinung durch massenmediale Beeinflussung regelrecht einprogrammiert wird. Die Antworten auf die Fragen: »Welche Meinung ist gerade erwünscht?« und »Welche Meinung darf ich nicht haben?« sind jedem Menschen unterbewusst bekannt, und viele richten sich danach. Die Programmierung muss jedoch immer wieder aufgefrischt werden, etwa durch permanente Berieselung, damit die Masse nicht vergisst, welche Meinungen erwünscht und welche unerwünscht sind.

Dieser Umstand ist für Aufklärungsbemühungen von Bedeutung. Wenn die Maschinerie der Meinungserzeugung in vollem Gange ist, wird es schwierig, an den festgefahrenen Ansichten zu aktuellen und wichtigen Themen zu rütteln. Es ist daher leichter, eine Meinungsänderung zu zeitlich zurückliegenden oder unwichtigeren Themen zu bewirken, da die Bevölkerung schon teilweise vergessen hat, welche Ansichten sie dazu haben darf und welche nicht. Während emotionale Agitation bei aktuellen Themen also am effektivsten ist, kann es von Vorteil sein, die rationale Aufklärung besser auf vergangene Themen zu konzentrieren.

Generell gilt, dass die in den Medien vermittelten Bilder nicht als Realität betrachtet werden dürfen. Aufschlussreich kann sein, sich folgende Fragen zu stellen: Welche Gefühle sollen die Botschaften in mir auslösen? Welche Meinung sollen sie erzeugen? Welche Manipulationstechniken werden angewandt? Was wird verschwiegen? Wer ist der Urheber? Welche Interessen verfolgt dieser? Was sagen die Primärquellen? Welche Medien berichten anders? Was sind die Unterschiede zwischen den verschiedenen Quellen? Welche Sichtweise ist am plausibelsten und am wenigsten manipulativ? Falls es sich um ein subjektives Thema handelt: Welches Narrativ nützt mir, und welches schadet mir?

20. Pacing and Leading

»Pacing and Leading« bedeutet so viel wie »Mitschreiten und führen«. Bei dieser Technik, die aus dem NLP, dem Neuro-Linguistischen Programmieren, stammt, bringt man eine Person dazu, den eigenen Ideen zu folgen. Man hält zunächst mit der Zielperson Schritt, begibt sich also auf deren Ebene und verhält sich in einer Weise, die auf Zustimmung stößt. Nachdem man so ihr Vertrauen gewonnen hat, leitet man sie in die Richtung, die man eigentlich anstrebt. Da Menschen nur schwer zugeben, sich geirrt zu haben, und sich ungern selbst berichtigen, wird der Propagandist mit dieser Taktik in der Regel Erfolg haben.

Dem Pacing and Leading eng verwandt ist die sogenannte Rattengift-Methode. Rattengift wird mit einem Stoff versetzt, der für die Tiere äußerst wohlschmeckend ist, so sehr, dass sie sich dafür in Gefahr begeben. Im übertragenen Sinn bedeutet das, dass man großen Einfluss ausüben kann, wenn man eine propagandistische Botschaft in ein Medium verpackt, das den Menschen Spaß macht. Beispiele solcher Medien sind Fernsehserien, Videospiele oder Musik. Sie werden freiwillig in großem Umfang konsumiert, und niemand erwartet dabei politische Beeinflussung, sondern vielmehr Unterhaltung, was die Übermittlung von Botschaften erleichtert. Dies ist etwa zu beobachten, wenn in Computerspielen gegen die Feinde des Landes gekämpft wird, welches das Spiel produziert hat. Auch Musik, die eine Transformation tradierter Wertvorstellungen propagiert, kann dazu gerechnet werden.

Neben der Verknüpfung von Lockmitteln mit propagandistischen Botschaften ist auch ein sukzessives Heranführen an das gewünschte Denken möglich (vgl. auch Salamitaktik). Wenn man eine Gruppe an eine Sache gewöhnen möchte, die vermutlich Widerstand hervorrufen wird, so kann es sinnvoll sein, sie zunächst nur mit jenen Teilaspekten in Kontakt zu bringen, die positiv oder neutral wahrgenommen werden. Hat die Gruppe eine Vorstellung davon erhalten, kann der eigentlich gewünschte Aspekt folgen. Das Schaffen eines geistigen Grundklimas, welches eine darauffolgende Handlung vorbereitet, wird auch Priming genannt. So wird ein gedanklicher Kontext hergestellt, der Entscheidungen unterbewusst in die gewünschte Richtung lenkt.

21. Die eingebettete Satire

Humor ist ein effektiver Träger politischer Ansichten. Er versetzt in einen heiteren Geisteszustand und führt zur freiwilligen Übernahme der Inhalte. Während bei der klassischen Satire das Kritisieren des Herrschers im Vordergrund stand, dient eine eingebettete Satire dazu, die Ideologie des herrschenden Systems unter dem Deckmantel der Kunstfreiheit zu propagieren und Regierungskritiker lächerlich zu machen. Eine solche Systemsatire ist also ein zusätzliches Herrschaftsinstrument, das den Meinungspluralismus untergräbt, statt ihn zu fördern.[14] Gleichzeitig können tatsächlich kritische Themen mit moralischer Entrüstung und großem Ernst behandelt werden, bei denen sich niemand traut, darüber auch nur einen Scherz zu machen. Moralische Entrüstung ist ein sicherer Schutz gegen kritisches Gedankengut.

Auch journalistische Inhalte können eingebettet werden, so etwa beim Embedded Journalism, der im Irakkrieg 2003 populär wurde. Im Rahmen dessen wird der Kriegsberichterstatter einer kämpfenden Einheit zugewiesen und so gezielt der sachlich neutrale Blick auf die Zusammenhänge vermieden.

22. Labeling

Labeling ist eine eng mit dem Framing verwandte Technik. Sie dient der Etikettierung, indem Schlagworte benutzt werden, um ein bestimmtes Narrativ zu erzeugen. Die wertenden Begriffe werden mit einer Sache oder Person verknüpft. Beim Lesen bzw. Hören rufen sie eine emotionale Reaktion hervor – positiv oder negativ, je nach Intention. Labeling wird durch Hörensagen weitergetragen, beginnend bei den Nachrichten. Ein Beispiel ist das Wort »Assad-Regime«. Bereits im Begriff »Regime« ist eine negative Komponente enthalten, die emotional nicht ausgeblendet werden kann und die dem syrischen Präsidenten Baschar al-Assad eine negative Wertung verleiht. Dagegen bezeichnen die Medien die fundamental-religiöse Diktatur in Saudi-Arabien als »Königreich« und nicht als »Saud-Regime«, wobei der Begriff »Königreich« positive Assoziationen weckt.

Positive Etikettierungsbegriffe sind meist Euphemismen, die Sachverhalte beschönigen oder eine negative Komponente verschleiern. So ist die Rede von Luftschlägen statt Bombardierungen, von einer militärischen Intervention statt einem Angriffskrieg, von Öffentlichkeitsarbeit oder PR statt Propaganda oder psychologischer Kriegsführung. Labeling dient hier dazu, einer Sache schon bei deren Nennung eine positive oder neutrale Konnotation zu verleihen, um Kritik von vornherein auszuschalten.

Es werden einfache, repetitive Slogans geschaffen, die keinen sachlichen Inhalt aufweisen, aber so formuliert sind, dass niemand gegen sie sein will.[15] Beispiele sind die Begriffe »bunt« oder »Vielfalt« im Zusammenhang mit dem Thema Einwanderung. Sie erlauben im Grunde nur eine Befürwortung – und damit auch der aktuellen Migrationspolitik. Die Frage etwa, ob Deutschland überhaupt ein Einwanderungsland werden möchte, wird gar nicht erst gestellt. Im Jahr 2020 hatten hierzulande bereits 40,2 Prozent der Kinder unter fünf Jahren einen Migrationshintergrund.[16] Eine gesellschaftliche Debatte blieb aus, die wenigen Mahner wurden mit Etiketten wie »xenophob« und »hasserfüllt« belegt. Die herrschende Meinung hat sich als alternativlos zementiert.

23. Verwendung von Kampfbegriffen

Wird Labeling dazu verwendet, einen Gegner zu verleumden und herabzusetzen, dann geschieht dies mittels sogenannter Kampfbegriffe.[17] Auch hierdurch kann die Diskussion von einer sachlichen auf eine rein emotionale Ebene verlagert werden, sodass man sich nicht mehr mit den Argumenten des Gegenübers auseinandersetzt, da diese allein durch Etikettierung diskreditiert wurden. Man erkennt Kampfbegriffe daran, dass sie nicht den Verstand ansprechen, sondern eine besonders starke negative Emotion sowie Abwehrreflexe hervorrufen. Sie werden von allen Seiten des politischen Spektrums genutzt. Rechten Kampfbegriffen wie »Gutmensch« oder »Zecke« stehen linke Kampfbegriffe wie »Wutbürger« oder »Nazi« gegenüber. Sie alle werden undifferenziert und verallgemeinernd verwendet, um einer sachlichen Diskussion auszuweichen. Die Etikettierung soll die betreffende Gruppe delegitimieren und aus dem öffentlichen Diskurs ausschließen, indem deren Argumente durch diese einfachen Parolen übertönt werden.

Ein weiterer Kampfbegriff ist »Verschwörungstheoretiker«. Er ist stark emotional aufgeladen und besitzt große diffamierende Wirkung. Die Verwendung des Begriffs zielt darauf ab, Debatten über verborgene politische Vorgänge zu unterdrücken, und suggeriert, dass es absurd wäre, über Derartiges nachzudenken oder es gar zu diskutieren. Ein Blick in die Geschichte zeigt derweil zahlreiche reale Verschwörungen: die Massenüberwachung des Internets durch die NSA, die erfundenen Massenvernichtungswaffen im Irak, die Iran-Contra-Affäre, die Brutkastenlüge, die Invasion in der Schweinebucht oder die Geheimoperationen Condor, Cyclone, Air America und Timber Sycamore. Hinzu kommen politische Umstürze demokratisch gewählter Regierungen durch die CIA, etwa im Iran 1953, in Guatemala 1954 und in Chile 1973. Dies alles ist heute bekannt und gut dokumentiert. Im Jahr 2019 gaben die USA 60 Milliarden US-Dollar für ihre Geheimdienste aus, deren tagtägliche Aufgabe es ist, konspirativ zu wirken.[18] Geheime Übereinkünfte sind seit der Ermordung Cäsars bekannt, dennoch werden sie mithilfe einer mentalen Verklammerung als abwegig dargestellt. Das Hinterfragen relevanter politischer Vorgänge wird nicht selten mit Desinformation oder grotesker Spekulation gleichgesetzt, sodass der Themenbereich zum mentalen Sperrgebiet wird.

Kurzum: Werden abwertende Begriffe für die Beschreibung eines politischen Gegners verwendet, sollte man hellhörig hinterfragen, bevor man sich emotional von einer Seite vereinnahmen lässt.

24. Kontaktschuld als Drohszenario

Diese Methode fußt auf Assoziationseffekten, bei denen gedankliche Kopplungen zwischen Gruppen, Individuen und Ideen errichtet werden. Eine Kontaktschuld, auch Guilt by Association genannt, wird also erzeugt, indem man zum Beispiel eine Person in Verbindung mit einem stigmatisierten Thema oder einer gebrandmarkten anderen Person bringt. Etikettierung wird somit ansteckend. Schon das Gespräch mit dieser Person kann dazu führen, mit demselben Label wie sie belegt zu werden, sodass man aus Angst vor eigener Diffamierung den Kontakt meidet. Das Propagieren von Kontaktschuld soll Kommunikation verhindern und die betreffenden Personengruppen isolieren.

Im Rahmen solcher Assoziationsketten verlieren Wörter ihre eigentliche Bedeutung und werden zu reinen Symbolen, welche auf vorher eingeübte Reflexe zugreifen. Sprache wird zum Mittel, um gezielt Emotionen und Reaktionen zu erzeugen.[19] »Freiheit«, »Demokratie« oder »Faschismus« sind dann keine komplexen Begriffe mehr, eingebettet in einem klar definierten Kontext, sondern emotionale Zeichen dafür, dass der Sprecher eine bestimmte Reaktion und Parteinahme vom Publikum erwartet.[20]

Durch Programmierung und Konditionierung werden mentale Mauern in den Köpfen errichtet. Bestimmte Themenbereiche werden so zu *»Zonen der Fraglosigkeit«*[21], wie der Journalist Michael Esders es nennt. Sobald auch nur Fragen gestellt werden, löst dies eine heftige emotionale Abwehrreaktion aus, die ihren Ursprung in der kognitiven Dissonanz hat. Die unsichtbaren Mauern sind oft effektiver als reale Gefängniszellen, da eine Flucht nicht in Betracht gezogen werden kann und der Eingesperrte sich sogar gegen Befreiung zur Wehr setzt. Während manche Staaten ihre Herrschaftsstruktur durch reale Mauern sichern, welche die Bevölkerung einsperren, bauen andere Mauern in den Köpfen, um die Herrschaftsstruktur aufrechtzuerhalten, was wesentlich kostengünstiger und unauffälliger ist.

25. Emotionalisierung

Besonders in der Kriegspropaganda ist Emotionalisierung ein bewährtes Mittel. Sentimentale Bilder und Geschichten untergraben das kritische Urteilsvermögen und führen zu heftiger Parteinahme. Vor allem das Hervorheben leidender Kinder macht uns anfällig für Beeinflussung, sodass wir unpopulären politischen Entscheidungen zustimmen. Ein bekanntes Beispiel hierfür ist die Brutkastenlüge, welche die US-Bevölkerung wohlgesonnen gegenüber dem Kriegseinsatz der USA im Zweiten Golfkrieg stimmen sollte. Vor dem US-Kongress behauptete eine junge Frau, angeblich eine kuwaitische Krankenschwester, dass irakische Soldaten Babys aus den Brutkästen eines Krankenhauses genommen, auf den Boden geworfen und getötet hätten. Erst nach dem Krieg stellte sich die Geschichte als Erfindung heraus. Das Mädchen war keine Krankenschwester, sondern die Tochter des kuwaitischen Botschafters. Die gesamte Geschichte war von der US-amerikanischen PR-Agentur Hill & Knowlton inszeniert worden.[22] Bilder leidender Menschen werden oft und gerne instrumentalisiert, um das Vorgehen einer bestimmten Seite zu rechtfertigen.

26. Dämonisierung

Auch die Dämonisierung wird von der Kriegspropaganda genutzt, um den Gegner als von Grund auf böse darzustellen und die Bevölkerung dadurch in den Krieg zu treiben. Indem man die Aufmerksamkeit auf Personen wie Milošević, Gaddafi, Saddam Hussein oder Assad lenkt und sie als Teufel in Person darstellt, wird die Bevölkerung auf einen Krieg eingestimmt. »Assad bombardiert sein eigenes Volk«, heißt es in stetiger Wiederholung. Undifferenzierte emotionale Aussagen erzeugen unwiderruflich ein bestimmtes Bild. Auch wurde behauptet, dass Assad Giftgas eingesetzt habe, obwohl dies bis heute nicht bewiesen ist.[23] Es gibt hingegen zahlreiche Indizien, dass die Giftgasanschläge durch die gegen Assad kämpfenden Terroristen inszeniert wurden, um ein Eingreifen ausländischer Mächte zu legitimieren.[24] Wenn man über die massenmedial vermittelte moralische Begründung hinausblickt, dann stellt sich heraus, dass der Militärkonflikt eine ganz andere Dimension hatte: Die USA besitzen weltweit 761 Militärbasen in fremden Ländern, während Russland nur 21 solcher Basen unterhält. Ein Land mit einer russischen Militärbasis ist Syrien. Syrien war Schauplatz eines Stellvertreterkrieges zwischen dem Iran und Russland auf der einen Seite, welche Assad unterstützten, und den USA und deren Verbündeten auf der anderen Seite, welche militante Gruppen mit Waffen und Geld ausstatteten, um die syrische Regierung zu stürzen.[25] Die Dämonisierung des gegnerischen Staatsoberhaupts kann die geopolitischen Kriegsmotive verschleiern. Die machtpolitischen Gründe verschwinden hinter einem emotionalen Narrativ, das den Sturz einer ausländischen Regierung als rechtmäßig und notwendig darstellt: »Assad ist ein Teufel, der Kinder tötet. Deshalb müssen wir das Land befreien.«

Kriegspropaganda beinhaltet meist die folgenden Behauptungen, welche die belgische Historikerin Anne Morelli, basierend auf den Theorien des englischen Politikers Arthur Ponsonby, zusammenfasste:

»1. *Wir wollen keinen Krieg.*
2. *Das feindliche Lager trägt die alleinige Schuld am Krieg.*
3. *Der Feind hat dämonische Züge.*
4. *Wir kämpfen für eine gute Sache und nicht für eigennützige Ziele.*
5. *Der Feind begeht mit Absicht Grausamkeiten. Wenn uns Fehler unterlaufen, dann nur versehentlich.*
6. *Der Feind verwendet unerlaubte Waffen.*
7. *Unsere Verluste sind gering, die des Gegners aber enorm.*

8. *Unsere Sache wird von Künstlern und Intellektuellen unterstützt.*
9. *Unsere Mission ist heilig.*
10. *Wer unsere Berichterstattung in Zweifel zieht, ist ein Verräter[26].«[27]*

Frage an den Leser oder die Leserin: Inwieweit kennen Sie solche oder ähnliche Aussagen aus der medialen Darstellung der Kriegsparteien von militärischen Auseinandersetzungen der letzten Jahrzehnte, etwa im Kosovo, in Afghanistan, im Irak, in Libyen, in Syrien oder in der Ukraine?

Dämonisierung kann auch im innenpolitischen Sektor eingesetzt werden, um bestimmte Gruppen oder Parteien aus dem öffentlichen Diskurs auszugrenzen. Indem man durch manipulative Berichterstattung ein Zerrbild politischer oder gesellschaftlicher Gruppierungen erzeugt, ist es möglich, diese zum Hassobjekt zu stilisieren. Die Dämonisierung ist essenzieller Bestandteil bei der Bekämpfung von Gruppen, welche dem Herrschaftsapparat gefährlich werden können. Die Propaganda muss diese vor der Öffentlichkeit als gemeingefährlich, unmenschlich und wahnsinnig darstellen, um eine Verfolgung zu rechtfertigen. Um ein Meinungsmonopol aufrechtzuerhalten, muss den Gegnern des Monopols die Legitimität und das Recht auf eine gleichwertige Meinung abgesprochen werden. Dies geschieht mithilfe von Kampfbegriffen, Kontaktschuld, Verallgemeinerung, Wiederholung, Framing, Diffamierung und Lügen sowie der Erzeugung von Angst. Dadurch wird eine emotionale Barriere zwischen der Feindgruppe und der Masse hergestellt. So wird polarisiert und die dämonisierte Gruppe im schlimmsten Fall exterminiert, was den Monopolgläubigen dann als »Befreiung« verkauft wird. Wenn die Bevölkerung diese Mechanismen nicht durchschaut, kann sie leicht gegen Feinde des Herrschaftsapparats aufgehetzt werden.

27. Demontage mithilfe der Mohawk-Valley-Formel

Es gibt Propagandatechniken, die es erlauben, gezielt unerwünschte Proteste zum Verstummen zu bringen. Eine funktioniert mithilfe der sogenannten »Mohawk-Valley-Formel«. Die Methode wurde das erste Mal 1937 eingesetzt, um den Willen streikender Arbeiter zu brechen,[28] doch sie kann ebenso gegen politische Demonstranten verwendet werden. Zuerst muss man Propaganda verbreiten, welche die protestierende Gruppe als Feind der Ordnung brandmarkt und zum Außenseiter erklärt. Dann ist ein Kreis aus einflussreichen und prominenten Personen zu bilden, der sich gegen die Demonstranten wendet, während diese gleichzeitig mit massiver Polizeipräsenz eingeschüchtert werden. Im nächsten Schritt gründet man eine Gegenbewegung, die sich zum Beispiel im Falle eines Streiks für die Wiederaufnahme der Arbeit einsetzt. Die künstliche Installation von Graswurzelbewegungen nennt man auch »Astroturfing«. Im letzten Schritt ist es wichtig, die oppositionelle Gruppe stark zu demoralisieren und bei deren Einlenken und Nachgeben möglichst schnell zur Normalität zurückzukehren.[29]

28. Zersetzung

Mit der Beschreibung psychologischer Techniken, die dazu verwendet werden können, den Willen von Einzelpersonen und Gruppen zu brechen, lassen sich ganze Bücher füllen. Die Geheimdienste aller Staaten sind darin geschult, psychologische Folter, Einschüchterung, Drohung und Bestechung effektiv einzusetzen. Im Folgenden wird das Konzept der Zersetzung beschrieben, das einst vom Ministerium für Staatssicherheit (MfS) der Deutschen Demokratischen Republik entwickelt wurde. Ein Opfer wurde zunächst gezielt überwacht, um die sozialen Beziehungen, politischen Tätigkeiten und Gewohnheiten auszukundschaften. Auf dieser Basis wurden individuelle Vorgehensweisen entwickelt, um die Person dazu zu bringen, politisch unliebsame Aktionen einzustellen. Dies beinhaltete Rufschädigung durch Bekanntmachen wahrer oder gefälschter belastender Informationen, das Unterdrucksetzen des Arbeitgebers und den damit einhergehenden Verlust des Arbeitsplatzes, das Konstruieren krimineller Machenschaften, um juristischen Druck auf die Zielperson auszuüben, die Zerstörung des Familienlebens durch gezielte Beeinflussung des Ehepartners, die Inszenierung von Wohnungseinbrüchen, um das Sicherheitsgefühl zu untergraben, die offensichtliche Bespitzelung, um ein permanentes Gefühl des Beobachtetwerdens hervorzurufen, sowie die Einschüchterung von Bekannten, um eine soziale Isolation zu bewirken.[30]

Gruppen wurden durch das Einschleusen Inoffizieller Mitarbeiter des MfS zersetzt. Diese gaben Informationen an den Geheimdienst weiter, führten gezielte, politisch inkriminierende Provokationen aus, stifteten Streit in der Gruppe und säten Zwietracht durch die Unsicherheit über ihre Anwesenheit und Identität. Generell sollte ein Gefühl von Ohnmacht und Angst in den Köpfen politischer Gegner erzeugt werden, mit dem Ziel, diese zur Aufgabe, zum Verrat oder zum Selbstmord zu bringen.[31]

29. Die Salamitaktik

Um Widerstände oder Aufruhr zu vermeiden, werden unpopuläre politische Programme oft Stück für Stück verwirklicht. So wird die Bevölkerung nicht auf einen Schlag mit den Auswirkungen konfrontiert, sondern kann sich schleichend an den neuen Zustand gewöhnen. Wie im Gleichnis vom Frosch im Kochtopf, der angeblich nicht herausspringt, wenn man die Temperatur nur langsam erhöht, wehrt sich die Bevölkerung nicht, wenn sich Umbrüche mit genügend Eingewöhnungszeit vollziehen. Im Zuge dessen werden gerne auch Testballons gestartet, indem etwa radikale Aussagen getätigt oder bestimmte Handlungen vollführt werden. So kann beobachtet werden, auf wie viel Gegenwehr man stößt. Ist sie zu groß, rudert man erst einmal zurück und führt eine langsamere Variante durch, andernfalls rückt man gleich mit dem Programm voran.

30. Die Wolfsrudeltaktik

Auch mit der Wolfsrudeltaktik kann man einen Gegner Zug um Zug unschädlich machen. Ein Wolfsrudel sucht sich das schwächste Tier einer Schafsherde aus, kreist es ein, isoliert es und tötet es schließlich. Ähnlich kann man bei politischen Organisationen vorgehen: Man wählt den angreifbarsten Teil aus, lenkt die Aufmerksamkeit auf ihn, isoliert ihn mit Kampfbegriffen, Labeling und Kontaktschuld und vernichtet ihn schließlich durch politische, mediale und wenn nötig auch physische Angriffe. Dann wendet man sich dem nächsten zu. Die Taktik funktioniert, wenn der Angegriffene im Stich gelassen wird, sie misslingt, wenn ihm die Gruppe zu Hilfe eilt, sich nicht distanziert und ihn verteidigt. Je mehr einflussreiche Personen eine Gemeinschaft bilden, die sich nicht spalten lässt, desto widerstandsfähiger ist sie gegen die Wolfsrudeltaktik.

Eine abgeänderte Form kommt in politischen Talkshows zum Einsatz, wenn dort ein Oppositioneller auf eine Überzahl an regierungstreuen Akteuren trifft. So wird es möglich, ihn durch die Überzahl zu übertönen und zum Außenseiter zu erklären.

31. Der Präzedenzfall

Im Englischen beschreibt der Begriff »Slippery Slope« (rutschiger Abhang) ein Phänomen, das durch einen Präzedenzfall in Gang gesetzt wird: Setzt jemand den Fuß auf einen rutschigen Abhang, gleitet er, ohne etwas dagegen tun zu können, in die Tiefe.

In der Öffentlichkeitsarbeit findet das Konzept Anwendung, wenn ein Thema mit hohem Widerstandspotenzial vorliegt. Dann dient der Präzedenzfall als Ankerpunkt zur Vorbereitung und Normalisierung weiterer Schritte im Sinne der Salamitaktik. Als Beispiel lässt sich die Ankündigung einer Regierung anführen, Terroristen und Kinderschänder durch Fernzugriff auf deren elektronische Geräte überwachen zu wollen. Da wohl niemand diese Gruppen verteidigen möchte, ist der zu erwartende Widerstand gering. In diesem Präzedenzfall wird die Maßnahme als normal betrachtet, weitere Schritte zur Überwachung – letztendlich der gesamten Bevölkerung – sind nun leichter zu begründen. Ein ähnliches Muster lässt sich auch bei der Zensur finden: Das »Stummschalten« einzelner unliebsamer Personen öffnet der Zensur weiterer Personen oder Gruppen Tür und Tor.

Gegen diese Methoden kann man sich nur durch feste Prinzipien wehren, die man sich unter keinen Umständen nehmen lässt. Sobald man in einem einzigen Punkt nachgibt, hat man ganz verloren.

32. Kanalisierung

Durch Kanalisierung werden politische Gegner in eine Richtung gelenkt, in der sie keine Gefahr mehr darstellen. Man kann sie zum Beispiel mithilfe von Provokateuren dazu bringen, gewalttätig zu werden, was sie vor der breiten Masse diskreditiert und zu Außenseitern macht. Oppositionelle können so leicht zu

Staatsfeinden erklärt und mit harten Maßnahmen unschädlich gemacht werden. Die Separierung Einzelner ist auch die entscheidende Maßnahme bei der Wolfsrudeltaktik.

Eine andere Form der Kanalisierung nimmt den Weg in die entgegengesetzte Richtung: Indem man den politischen Gegner dazu bringt, dass er von seinen Kernthemen abrückt, bei Linken etwa weg von der Globalisierungskritik, um sich stattdessen Geschlechterfragen oder dem Umweltaktivismus zuzuwenden, dann ist er keine Gefahr mehr für kapitalistische Interessengruppen.

Wer sich gegen Kanalisierung wehren möchte, darf sich nicht vor den Herrschenden hertreiben lassen. Im Gegenteil, deren Schwachstellen sollten dann aktiv kritisiert und ihnen die eigenen Narrative aufgezwungen werden. Der politische Aktivist Srdja Popović beschreibt dieses gewaltfreie Vorgehen in seinem Buch »Protest!« sehr anschaulich. Er war weltweit an sogenannten Regime Changes beteiligt, sein Buch gibt Aufschluss über die Hintergründe. Ähnlich wichtig sind in diesem Zusammenhang »Von der Diktatur zur Demokratie« von Gene Sharp sowie »Rules for Radicals« von Saul D. Alinsky.

33. Zensur

Zensur ist eine relativ simple Methode zur Ausschaltung politischer Gegner. Man verhindert, dass deren Stimmen gehört werden und erhält dadurch das Meinungsmonopol aufrecht. Während im Roman »Fahrenheit 451« die Bücherverbrennung plastisch dargestellt wird, kann die Verbannung von Büchern aus dem öffentlichen Raum auch auf subtilere Weise geschehen. Dies funktioniert heute beispielsweise so, dass ein unerwünschtes Werk in Buchläden nicht mehr ausgestellt oder sogar beim Großhändler ausgelistet wird. Der Titel wird dadurch im Handel weitgehend ausgeblendet und ist somit schwerer zu beschaffen.

Heutzutage geht Zensur zumeist von internationalen Technologiekonzernen aus. Auf diese Weise hält sich der Staat zurück und delegiert die schmutzige Arbeit an private Konzerne. Diese löschen dann etwa die Accounts unliebsamer Personen und Gruppen unter fadenscheinigen Vorwänden.[32] Andere Techniken sind die Demonetarisierung (Kanalbetreibern wird die Beteiligung an Werbeinnahmen gestrichen) oder der Shadowban (einzelne Beiträge bzw. Kanäle erscheinen nicht mehr in den Empfehlungen und Suchergebnissen, was zu einer Reichweitendrosselung führt).

Zu nennen ist hier auch die sogenannte »Cancel Culture«, was so viel wie »Kultur der Löschung« bedeutet. Kritische Stimmen werden mit Verweis auf ihre angebliche Gefährlichkeit zum Verstummen gebracht, anstatt sich mit ihren Inhalten auseinanderzusetzen und eine Diskussion aufzunehmen.

34. Desinformation

Die gezielte Verbreitung falscher Informationen, wie sie in den verschiedensten Formen oft von Geheimdiensten praktiziert wird, kann unterschiedliche Zwecke verfolgen, so etwa die Diskreditierung des politischen Gegners oder aber auch die Verwirrung der Bevölkerung. Hierfür können Personen beauftragt werden, welche abstruse Geschichten verbreiten, die auch wahre Aussagen enthalten. Durch die raffinierte Vermischung von falscher mit wahrer Information werden die wahren Angaben unglaubwürdig gemacht.

Eine zweite Form der Desinformation zielt auf die Erzeugung falscher Hoffnungen ab, um eine Opposition passiv zu halten. Die Methode wurde von der sowjetischen Geheimpolizei in den 1920er-Jahren unter dem Decknamen »Operation Trust« praktiziert. Es wurde verbreitet, dass eine geheime Organisation im Untergrund gegen die Kommunisten kämpfe und kurz vor dem

Sieg stünde.[33] Daraufhin blieben antikommunistische Akteure in Russland und im Exil untätig oder versuchten, sich der Scheinorganisation anzuschließen, was sie zu leichten Zielen machte.

Ein ähnliches Schema lässt sich bei der quasireligiösen QAnon-Bewegung erkennen. Ihre Anhänger, unzufrieden mit der politischen Situation in den Vereinigten Staaten, werden mit Parolen wie »Trust the plan« oder »Enjoy the show« dazu verleitet, nichts gegen die empfundenen Missstände zu unternehmen. Es gebe, so heißt es, eine geheime und zugleich mächtige Instanz im Hintergrund, die schon für Gerechtigkeit sorge – eigenes Zutun sei nicht nötig. Im Vertrauen darauf gehen diese Menschen nicht auf die Straße, der oppositionelle Widerstand wird geschwächt.

35. Schwarze, graue und weiße Propaganda

Die schwarze, graue und weiße Propaganda sind verschiedene Arten offener und verdeckter Beeinflussung. Bei der weißen Propaganda ist der Absender bekannt, dem entspricht die klassische Regierungspropaganda. Die graue Propaganda benennt hingegen keine offizielle Quelle, die politische Einstellung derselben ist aber durch die Botschaft identifizierbar. Beispiele sind Fernseh- oder Radiosender, welche zwar Regierungspropaganda verbreiten, wobei die Regierung aber nicht als offener Auftraggeber in Erscheinung tritt. Diese verdeckte Form der Propaganda kann effektiver sein als die offene, da der Bürger durch viele, scheinbar unabhängige Medien eine einhellige Meinung präsentiert bekommt, die nicht unmittelbar als solche erkennbar ist.[34]

Die perfideste Form ist die schwarze Propaganda, bei der eine falsche Zugehörigkeit vorgetäuscht wird.[35] Ein Beispiel ist die »Operation Trust« aus dem Abschnitt über die Desinformation. Weiterhin kann ein politischer Radiosender in einem fremden Land angeführt werden, der gegen die dortige Regierung agitiert und vorgibt, von Bürgern des entsprechenden Landes betrieben zu werden. In Wahrheit wird der Sender jedoch von einem Geheimdienst geführt. Schwarze Propaganda ist immer eine Form der Desinformation. Auf militärischem Gebiet sind False-Flag-Operationen, also verdeckte Operationen »unter falscher Flagge«, ein Beispiel für schwarze Propaganda. Hier wird ein militärischer Angriff durch einen fremden Staat vorgetäuscht – meist um einen Kriegsgrund zu erzeugen.

36. Die Veji-Methode

Veji war eine etruskische Stadt und ein Konkurrent Roms. Noch bevor sie zur mächtigen Bedrohung werden konnte, wurde sie von Marcus Furius Camillus um 400 v. Chr. erobert, dem Erdboden gleichgemacht und die Bevölkerung getötet oder versklavt.[36] Das Ersticken eines Gegners im Keim ist ein wichtiges Konzept in der Kriegsführung. Es kann aber auch auf den Bereich der Propaganda übertragen werden. Wenn in einem despotischen Staat eine das Meinungsmonopol gefährdende Meinung aufkeimt, muss sie bis zur Auslöschung bekämpft werden, bevor sie große Teile der Bevölkerung erreichen kann. Zudem wird dadurch gleich auch ein Exempel statuiert, denn indem man eine Person oder Gruppe für ihr monopolgefährdendes Verhalten außerordentlich stark bestraft, schreckt man andere von der Nachahmung ab. Getreu der Devise: Züchtige einen, erziehe Hunderte.

37. Der Gesslerhut

Die Metapher vom Gesslerhut geht auf die Sage um Wilhelm Tell zurück. In Friedrich Schillers gleichnamigem Drama wird vom Vogt Hermann Gessler ein Hut aufgestellt, den jeder

> »
> *Wenn man die Leute dazu treiben kann, sich öffentlich für etwas zu erklären, so hat man sie meistens auch dazu gebracht, sich innerlich dafür zu erklären ...«*
>
> Friedrich Nietzsche: »Menschliches, Allzumenschliches« (1878)

Vorbeigehende zu grüßen hat. Der Gesslerhut symbolisiert im Kontext der Propaganda eine Handlung, die jeder öffentlich vollführen muss. Dadurch wird die Masse derart konditioniert, dass alle denken, jeder würde dem Herrscher zustimmen, wenn keiner von der Norm abweicht. Gleichzeitig können Abweichler leicht ausfindig gemacht und in der Folge stigmatisiert werden. Wilhelm Tell verweigert den Gruß, was ihn als Gegner des Herrschers kennzeichnet. Der Zwang zur öffentlichen Parteiname führt außerdem in den meisten Fällen tatsächlich zur Unterwerfung, da man sich nicht selbst widersprechen will.

Das Gegenteil des Herrschaftssymbols ist ein Widerstandssymbol, das Personen kennzeichnet, die einen Herrscher ablehnen, der sie unterdrückt. Sie erkennen sich gegenseitig daran, wodurch die Monopolisierung teilweise durchbrochen wird. Widerstandssymbole müssen folglich von den Herrschern verhindert werden.

38. Suggestion von Freiheit

Schon Goethe schrieb: *»Niemand ist mehr Sklave, als der sich für frei hält, ohne es zu sein.«*[37] Um ein Aufbegehren der Bevölkerung zu verhindern, kann es sinnvoll sein, eine Illusion der Freiheit und Mitbestimmung zu etablieren. Auch Noam Chomsky beschäftigte sich mit diesem Konzept. Ihm zufolge gibt es zwei verschiedene Definitionen des Wortes »Demokratie«: Die erste werde in der Schule gelehrt und meine eine Staatsform, in der die

Bevölkerung über die Politik ihres Landes bestimmt. Die zweite Definition sei weniger bekannt, aber häufig die Praxis. Demnach ist eine Demokratie ein Staat, der von der wohlhabenden Klasse kontrolliert wird.[38] Hier gibt es also nur eine Scheinfreiheit, da die breite Masse, verglichen mit den Multimilliardären, welche sich Medien und Lobbygruppen kaufen können, nahezu keine Mitbestimmung ausübt. Einer ähnlichen Kritik können auch die Begriffe »Pressefreiheit«, »Meinungsfreiheit« und »freie Wirtschaft« unterzogen werden, die in einer Scheindemokratie eine ähnliche, vom eigentlichen Wortsinn abweichende Bedeutung aufweisen und sich nur auf die jeweiligen Freiheiten der Wohlhabenden beziehen. Bevölkerungsgruppen mit abweichenden Meinungen können in dieser Demokratie zensiert, finanziell zerstört und politisch verfolgt werden. Ein Staat indes, der den Einfluss der wohlhabenden Klasse beschneidet, wird schnell als Feind der Freiheit und der Demokratie »entlarvt«.

Der Terminus Freiheit ist zudem in anderer Hinsicht kritisch zu betrachten. Denn der Ruf nach Pressefreiheit, Meinungsfreiheit, Demokratie, Gleichberechtigung der Bürger und Neutralität des Staates wird häufig nur im Munde geführt, um die eigene Ideologie möglichst ungehindert durchsetzen zu können. Sobald die Gruppe, welche auf diese Weise eine Revolution angezettelt hat, selbst zur etablierten Macht im Staat geworden ist, werden die oben beschriebenen Freiheiten oft wieder abgeschafft, da sie dem neuen Herrscher gefährlich werden könnten. Dieses Prinzip erkennt man zum Beispiel bei der Französischen und der Russischen Revolution, wo dem Sturz der Monarchie, welcher mit dem Schrei nach Freiheit vollzogen wurde, eine noch

> »
> *Sobald sie zum Gegenstand von Propaganda avanciert ist, wird die Demokratie so totalitär, so autoritär und so ausschließend wie die Diktatur.«*
>
> Jacques Ellul: Propaganda (1962)

brutalere Terrorherrschaft folgte. Was während der Revolution noch zur Meinungsfreiheit zählte, wird danach zu Hasssprache, Boykotthetze oder einem Meinungsverbrechen. Die Einschränkung der Meinungsfreiheit ist besonders dann effektiv, wenn sie nicht als solche erscheint.

Auch der französische Philosoph Jacques Ellul erkannte in seinem 1962 erschienenen Buch »Propaganda«, dass der Meinungsbildungsprozess so gestört werden kann, dass die Demokratie ihren ursprünglichen Charakter vollkommen verliert.

39. Pauschalisierung

Wenn man die Bevölkerung dazu bewegen kann, einen politischen Akteur wegen eines womöglich sogar unbedeutenden Gesichtspunkts abzulehnen, lehnt sie ihn mit hoher Wahrscheinlichkeit mit allem, was ihn ausmacht, ab. Dieser psychologische Effekt ist etwa bei einer Diffamierungskampagne vorteilhaft, da man nicht mehr alle Argumente eines Gegenspielers widerlegen, sondern lediglich einen Punkt ansprechen muss, um Ablehnung zu wecken. Dasselbe geschieht auch bei positiver Berichterstattung: Es reicht oft schon aus, in nur einem Punkt Wohlwollen hinsichtlich einer Gruppe oder Person zu bekunden, um eine pauschale Akzeptanz zu erwirken. Auf diese Weise können ganze Ideenkomplexe für gut oder schlecht befunden werden, ohne sich mit jedem einzelnen Sachthema auseinandersetzen zu müssen.

Die praktische Nutzung des Effekts durch die Propaganda wird auch als Pars-pro-toto-Prinzip bezeichnet.[39] »Pars pro toto« bedeutet auf Deutsch »ein Teil (steht) für das Ganze«. Es handelt sich um eine Form von Framing, welche den Blick auf einen vielschichtigen Sachzusammenhang dadurch verstellt, dass ein möglichst emotionaler Teilaspekt als repräsentativ fürs Ganze hingestellt wird. Dadurch lenkt man vom Wesentlichen ab und vermeidet eine ausführliche Pro-und-Kontra-Diskussion. Als Beispiel kann man ein Interview mit einem weltfremden Demonstranten anführen, dessen Aussagen dann als repräsentativ für die ganze Veranstaltung hingestellt werden, während auf die hauptsächlichen Inhalte und Forderungen der Demonstration kaum eingegangen wird. Menschliche Dramen, unbeliebte Einzelpersonen und aufsehenerregende Handlungen in den Vordergrund zu stellen lenkt besonders gut von großen Zusammenhängen ab. Die Personalisierung ist deshalb so effektiv, da unser Verstand persönliche Schicksale und emotionale Bilder wesentlich tiefer aufnimmt als sachliche Daten. Deshalb ist es für einen propagandistisch regierten Staat auch wichtig, emotionale Bilder und Geschichten, die nicht ins systemstabilisierende Narrativ passen, zu unterdrücken.

40. Verschieben des Overton-Fensters

Um die Ansichten der Bevölkerung in eine bestimmte Richtung zu lenken, ist das Abstecken der Ränder des Meinungsspektrums eine Möglichkeit. Indem man definiert, was die »normale Ansicht« zu einem Thema ist, wohingegen abweichende Ansichten als »extrem« eingestuft werden, wird der Raum, in dem sich eine Debatte bewegen soll, eingegrenzt. So ist zum Beispiel das in der Politik verwendete Links-Rechts-Schema eine Art der Manipulation.[40] Die meisten Menschen haben das Bedürfnis, in der Mitte zu stehen und zur Mehrheit zu gehören. Indem man diese Mitte definiert und Randpositionen brandmarkt, haben Letztere nur eine geringere Chance, beachtet zu werden. Man muss erkennen, dass jedes System seine eigene Doktrin als »Mitte« darstellt. In der DDR beispielsweise war dies der Sozialismus bzw. Kommunismus.

Der umgrenzte Raum, in dem sich die akzeptable Meinung bewegt, wird Overton-Fenster genannt, wobei die Staatsmeinung in der Mitte steht. Das Fenster kann erweitert oder verengt werden.[41] Die Verengung geschieht durch Thementabuisierung, etwa mittels Ausgrenzungstechniken wie dem Einsatz von Kampfbegriffen, der Zuweisung von Kontaktschuld oder durch Dämonisierung. Die Erweiterung wiederum ist ein langsamer Prozess, bei dem ein kontroverses Thema durch Wiederholung und Euphemismen diskutabel gemacht wird. Indem die Veränderung des Meinungskorridors langsam vollzogen wird, erzeugt dies weniger Widerstand. Um über solche Meinungshorizonte hinwegsehen zu können, hilft nur differenziertes Denken im Verein mit Umsicht, einem tieferen Verständnis der Geschichte sowie dem steten Beachten verschiedener Perspektiven.

41. Schwarz-Weiß-Malerei

Eine weitere Technik, die differenziertes Denken verhindern soll, ist die Schwarz-Weiß-Malerei. Dabei werden dem Publikum zwei mögliche Ansichten zu einem komplexen Thema vorgesetzt, bei denen es nur zustimmen oder sie ablehnen kann. Ein Beispiel hierfür ist die Rede George W. Bushs vor dem US-Kongress am 20. September 2001, in welcher er erklärte: *»Jedes Land in jeder Region muss sich nun entscheiden: Entweder ihr seid für uns, oder ihr seid für die Terroristen.«*[42] Indem nur zwei Optionen bestehen, verhindert man, dass das Publikum ausführlicher über den Sachverhalt nachdenkt. So zwingt man es, eine den eigenen Interessen entsprechende Position einzunehmen. Da logischerweise keiner für die Terroristen sein will, bedeutet dies, dass alle Länder der Welt die US-amerikanische Politik und die damit verbundenen Kriege unterstützen müssen, um nicht als Feinde angesehen zu werden.

Schwarz-Weiß-Malerei ist auch bei der Migrationsdebatte in Deutschland zu beobachten: Entweder befürwortet man den Multikulturalismus bedingungslos, oder man wird als Ausländerfeind und Hassmensch abgestempelt. Differenziertere Positionen dazwischen werden ignoriert, so wird zum Beispiel nicht in Betracht gezogen, dass man eine bestimmte Politik ablehnen und sein eigenes Volk lieben kann, ohne dabei andere Völker zu hassen. Durch die Reduzierung auf ein einfaches Gut-Böse-Schema wird die Gesellschaft polarisiert und unerwünschte Sichtweisen aus dem öffentlichen Diskurs ausgeschlossen.

42. Setzen von Doppelstandards

Ein Doppelstandard liegt vor, wenn mit zweierlei Maß gemessen wird, so auch in der propagandistischen Berichterstattung: Zwei Gruppen werden anhand unterschiedlicher Kriterien beurteilt, das heißt, der Maßstab, dem die eine Gruppe gerecht werden muss, gilt nicht auch für die andere. Beispielsweise erfahren vergleichbare Handlungen im Zusammenhang mit Kriegen, politischen Auseinandersetzungen oder Demonstrationen häufig ein vollkommen unterschiedliches Medienecho. Je nach Bedarf wird gelobt, verharmlost oder in den Schmutz gezogen, abhängig davon, ob sie von der eigenen Seite oder vom Gegner verübt werden. Während beim Kontrahenten jede Kleinigkeit penibel gegen ihn verwendet wird, werden eigene Fehler ignoriert oder relativiert.

43. Infantilisierung

Um kritisches Denken zu unterdrücken, kann auch die Methode der Infantilisierung von Nutzen sein, was die Verkindlichung ihrer Adressaten meint. Erwachsene werden hier wie unmündige Kinder betrachtet, die es zu bevormunden gilt. Ihnen wird etwa subtil eingeredet, sie seien nicht in der Lage, politische Entscheidungen zu beurteilen, und zudem versichert, dass sich die

Herrschenden schon um alle wichtigen Dinge kümmern werden, was die Menschen dann davon abhält, politische Mitbestimmung anzustreben. Somit verhalten sie sich unkritisch und autoritätshörig. Dies ist das Ziel des Konzepts.

Ein Euphemismus der Infantilisierung ist das Wort »Jugendkultur«: Ein Erwachsener, der Videospiele spielt, sich einer jugendlichen Sprache bedient und sich entsprechend kleidet, hat wahrscheinlich ein Selbstbild, das eher dem eines Heranwachsenden als dem eines mündigen Staatsbürgers entspricht.

Eine infantilisierte Person sieht die Regierung und andere Autoritäten als väterliche Macht an, bei der es unvorstellbar ist, dass sie schädlich handeln oder unwahr sprechen könnte. Die Welt wird zum Kampf der guten gegen die bösen Mächte, wie in Märchen oder Kinofilmen. Das Hauptinteresse liegt bei spielerischer Unterhaltung, während man die wichtigen Angelegenheiten für zu komplex hält, um sich damit zu befassen. Damit aber begibt man sich völlig in Abhängigkeit zur Autorität, verteidigt sie aber gegen jede Kritik, da sie Sicherheit und Geborgenheit verspricht.

Indem Propaganda eine leicht verständliche und emotional zufriedenstellende Interpretation der Welt anbietet und moralisch zweifelhafte Zusammenhänge durch einfache Darstellungen entschärft, befördert sie die Infantilisierung. Die »Opfer« aber tragen laut Jacques Ellul eine Mitschuld daran. Denn sie flüchten sich in Propaganda, um sich vor schweren Entscheidungen zu schützen und der Angst des Alleinseins zu entfliehen. Diese Schutzmechanismen führen zur Bevormundung, was das Bewusstsein so tiefgreifend umgestaltet, dass selbst nach dem Verschwinden der alten Autorität sofort nach neuen Vormündern gesucht wird, die sie ersetzen können.[43]

44. Nudging

Psychologisch verwandt mit der Infantilisierung ist das Konzept des Nudgings, übersetzt bedeutet es etwa so viel wie Anstoßen oder Schubsen. Hierbei soll beim Menschen eine Verhaltensänderung in eine erwünschte Richtung erwirkt werden. Auf Zwang wird dabei verzichtet, stattdessen auf sanften Druck gesetzt. Der Entscheidungsraum um eine Person wird so gestaltet, dass sie mit hoher Wahrscheinlichkeit die gewünschte Wahl trifft und diese dann für freiwillig hält. Eine Wahlmöglichkeit, die als bequem, günstig, etabliert, populär, präsent und unterhaltsam erscheint, ist meist beliebter als eine, die durch finanzielle, psychologische und logistische Hürden erschwert wird. Die Propagandatechnik wird gerne in der Werbung eingesetzt, aber auch in der Politik. Dazu zählt zum Beispiel eine »motivierende« Aufforderung zum Energiesparen oder auch das künstliche Verteuern bestimmter Produkte, deren Konsum man so verhindern möchte. Auch hier steht schlussendlich die Entmündigung des Bürgers im Raum.

Die Methode geht auf den Nobelpreisträger Richard Thaler zurück, der darlegte, dass Nudging deutlich weniger Widerstände und Konflikte erzeuge als etwa konkrete Verbote. Thaler berät in diesem Sinne auch Regierungen.[44]

45. Beeinflussung über Vorbilder und Idole

In der Erziehung kommt Vorbildern eine besondere Bedeutung zu. Kinder etwa lernen durch Nachahmung, und bei vielen Erwachsenen ist das nicht anders. In der Propaganda übernehmen künstlich geschaffene Vorbilder diese Rolle. Indem man ihnen den Anschein öffentlicher Legitimation verleiht, werden sie zu Identitätsstiftern für die breite Masse. Auch in der Werbung profitiert man von der Methode, wenn etwa Prominente Konsumgüter anpreisen.

Heute stehen vor allem Musiker, Schauspieler, Models und Sportler in der Gunst reichweitenstarker Medien, von denen sie zu Idolen oder Helden aufgebaut werden. Ein Star wird gemacht, heißt es nicht umsonst. Im Vergleich zum Bekanntheitsgrad und dem einhergehenden Einfluss auf die Zuschauer steht dem nicht selten eine geringe intellektuelle Größe gegenüber. Dies hat zur Folge, dass Konsumdenken, Oberflächlichkeit oder auch eine überbetonte Fixierung auf Sex vorgelebt werden. Fatal besonders für Jugendliche, die sich in herausfordernden Zeiten von Idolen Halt und Orientierung erhoffen.

Idole kanalisieren also das natürliche Bedürfnis nach Zusammengehörigkeit, welches sich in fragmentierten Gesellschaften aufzustauen droht. Da der Mensch von Natur aus ein soziales Wesen ist, müssen nach der Auflösung der natürlichen Gemeinschaften künstliche Ersatzfamilien aufgebaut werden, die zumindest das Grundbedürfnis nach Sozialisation stillen. Es kann als eine Art von Kult betrachtet werden, der sich um die Leitfiguren aus Sport oder Musik bildet. Diese können einen großen Einfluss auf die politischen Ansichten ihrer Anhänger ausüben.

46. Erzeugung von Kultur

Die Möglichkeit der Erschaffung von Idolen eröffnet den Blick auf den weitreichenden Einfluss der Massenmedien, der sich über alle Gesellschaftsbereiche erstreckt. Im 20. und 21. Jahrhundert wurden sie zum vermutlich einflussreichsten Erzeuger von Kultur. Dies umfasst vor allem auch soziale Normen, Ideale und Tabus, welche bis Mitte des 18. Jahrhunderts vorrangig traditionell überliefert oder durch religiöse und staatliche Institutionen vermittelt wurden.

Heute stehen wir dem Problem gegenüber, dass die Programmgestalter der Medienhäuser nicht dem Gemeinwohl verpflichtet sind, sondern den Aktionären oder dem alleinigen Eigentümer, die in der Regel vorwiegend nach Profit streben.

Die Kulturerzeugung durch die Massenmedien führt zu einer tiefgreifenden Wandlung des Identitätsbewusstseins jedes Bürgers. Durch Musik, Schauspiel, bildende Kunst, Literatur, Feste, Sitten und Gebräuche wurden bestimmte Wertvorstellungen, Gesinnungen und Verhaltensweisen zur Norm erhoben. Auch an Schulen, Universitäten, in Wirtschaftsunternehmen und sogar bei der Freizeitgestaltung entstehen schleichend Selbstverständlichkeiten, welche oft nicht mehr hinterfragt werden. Diese Gewöhnung hat Einfluss auf die Charakterentwicklung – und führt folglich auch zu anhaltenden Veränderungen im Denken, Fühlen und Handeln der Menschen.

47. Die große Erzählung

Die große Erzählung, auch »Mythos« genannt, definiert das als normal empfundene Verhalten, die selbstverständliche Basis des Lebens und Denkens aller Mitglieder einer Gesellschaft. Sie ist somit die ideologische Komponente der Kultur. Die große Erzählung zeigt den Sinn der Gesellschaft auf, die Wege zu Glück und Fortschritt sowie die Unterscheidungskriterien von Gut und Böse. Dies beinhaltet aber nicht nur eine abstrakte Geisteshaltung, sondern auch die täglich praktizierte Lebensweise der Menschen, ihre diffusen Gefühle und moralischen Wertungen. Die inhärenten Grundannahmen dienen dabei als omnipräsente Vorpropaganda, die eine weitere Formung durch entsprechende Kampagnen vereinfacht.[45] Während die großen Erzählungen der Vergangenheit oft auf religiösem Boden standen, können die modernen Heilsversprechen des Kapitalismus und die von

»
Der Individualismus der bürgerlichen Gesellschaft genauso wie der Kommunismus der sozialistischen Staaten muss von der Wiege bis zum Grab eingeimpft werden. In den Vereinigten Staaten ... wird das Leben als persönlicher Erfolg und persönliche Verantwortung in Lied und Geschichte vom Beginn der Bewusstwerdung an gelobt.«

Harold D. Lasswell: Politics - Who gets what, when, how (1936)

den USA ausgehende individualistische Kultur als Mythen des Westens betrachtet werden. Das Sendungsbewusstsein der USA, globaler Garant für Wohlstand, Sicherheit, Fortschritt, Freiheit und Demokratie, die progressive Moral als Norm des Handelns und der konsumorientierte Lebensstil als Standard glückseligen Daseins sind Grundannahmen der westlichen Gesellschaften.

48. Die Lösung zum künstlichen Problem

In Krisenzeiten sind die Menschen viel eher bereit, sich unliebsamen Maßnahmen zu beugen. Wer also Kontrolle ausüben möchte, kann eine Krise künstlich erzeugen, um dann abzuwarten, bis die Bevölkerung nach Maßnahmen schreit, die sie ohne Krise nie befürwortet hätte. Diese Technik wird auch in George Orwells Roman »1984« beschrieben. Künstlich erschaffene Feinde liefern darin den Vorwand für Überwachung und totale Kontrolle.

»1984« ist als lehrreiche Dystopie zu verstehen, hier werden etliche Techniken der Bevölkerungskontrolle in literarischer Form dargeboten, von denen im Folgenden acht Methoden aufgeschlüsselt werden.

49. Aufrechterhaltung allgegenwärtiger Angst

Angst ist ein mächtiges Gefühl und damit ein wirkungsvoller Hebel in der Propaganda. Bei genauer Betrachtung fällt auf, dass jedes staatliche Gebilde zu einem gewissen Grad auf Angst aufbaut, sei es vor Ausgrenzung, vor rechtlicher Strafe oder vor polizeilicher, geheimdienstlicher oder militärischer Bedrohung.

Eine Sonderform ist die allgegenwärtige Angst. Sie kann sehr erfolgreich zur Lenkung der Massen genutzt werden, vor allem dann, wenn der Auslöser nicht sichtbar ist. Trotz der wahrscheinlichen Abwesenheit schwebt die Bedrohung wie ein Damoklesschwert durchgehend über der Masse. Medienberichte, welche die Bedrohung zum Thema machen, werden in so einem Grundzustand unreflektiert aufgesogen, als eigene Meinung übernommen und unterbewusst zur steuernden Größe. In Orwells »1984« wird die allgegenwärtige Angst durch einen permanenten Krieg erzeugt, den das »Ministerium für Frieden« künstlich aufrechterhält. Angriffe, die jederzeit stattfinden könnten, versetzen die Bevölkerung dauerhaft in eine Art »Angsthypnose« und machen sie so willfährig für Manipulation.

Die Unterordnung der Bevölkerung kann noch verstärkt werden, indem man Gegenmaßnahmen mit dem Anschein der Alternativlosigkeit versieht. Dies hebelt kritisches Denken vollständig aus, nimmt den Menschen die eigene Entscheidungsfindung und dämonisiert Gegner, da sie eine Gefahr darstellen würden.

50. Kontrolle der Fakten

Die Kontrolle darüber, was die Bevölkerung als wahr akzeptiert und was nicht, erlaubt eine effiziente Steuerung der öffentlichen Meinung. Vorgebliche Faktizität kann auf den unterschiedlichsten Wegen erreicht werden. Durch geschicktes Vermischen von Fakten und Meinungen etwa untergräbt man das kritische Urteilsvermögen des Publikums und bringt es dazu, emotionale Wertungen zu übernehmen. Ein ähnlicher Effekt wird erzeugt, wenn subjektive Sichtweisen in einer Form dargestellt werden, als wären sie unumstößliche Wahrheiten. Dies kann mittels Heranziehung oder Unterstützung durch eine gezielt ausgewählte Autorität noch verstärkt werden. Da die Wissenschaft heute großes gesellschaftliches Ansehen genießt, ist etwa eine Berufung auf Experten ein wirkkräftiges Mittel. Häufig genügt für eine größere Glaubwürdigkeit schon die einfache Behauptung, »Experten seien der Meinung, dass ...«, ohne dass diese Fachleute überhaupt benannt werden.

Werden abweichende Stimmen gleichzeitig als unwahr gebrandmarkt, führt das »Wahrheitsmonopol« des Staates bzw. der Leitmedien zur Konstruktion eines kontrollierbaren Meinungshorizonts. Eine unterstützende Rolle dabei kommt sogenannten »Faktencheckern« zu, die selten unabhängig sind. Ihre Analysen sind daher eingefärbt und rücken die »Wahrheit« in das vom Geldgeber gewünschte Licht. Auch vermeintlich objektive Informationsquellen wie die Online-Enzyklopädie Wikipedia geraten aufgrund ihrer meinungsbildenden Macht ins Visier politischer Interessengruppen. Bei deren nachweislicher Einflussnahme geht es letztlich auch um die Kontrolle der Fakten.[46] Die Deutungshoheit über Begriffe wie »Fake News« oder »Trolle« erlaubt eine Steuerung der Debatte und eine Stummschaltung der damit etikettierten Personen. In »1984« legt das »Ministerium für Wahrheit« fest, was als wahr empfunden werden soll und was nicht, wobei diese Festlegungen je nach Nutzen für die herrschende Schicht geändert werden können.

51. Das Rauben der Sprache

Das Brandmarken sprachlicher Begriffe ist ein weiteres Mittel, um politische Gegner in ihrer oppositionellen Tätigkeit zu hindern. Indem sie stigmatisiert und sanktioniert werden, verhindert man, dass bestimmte Themen öffentlich angesprochen werden. In der Bundesrepublik Deutschland ist man etwa mit der Beobachtung durch den Verfassungsschutz bedroht, wenn man die Begriffe »Überfremdung«, »Bevölkerungsaustausch« oder »Umerziehung« verwendet.[47] In jüngster Zeit rückt der vor einigen Jahren noch normale Begriff »Globalismus« in die Nähe zum Begriffsfeld Antisemitismus und wird damit aus dem Diskurs verbannt.[48] Ein solcher Sprachraub bewirkt, dass Sachverhalte nicht mehr klar benannt werden können, da die Ausdrucksmöglichkeiten auf Wortebene entzogen werden. In »1984« wird dies thematisiert, indem der Bevölkerung »Neusprech« durch die herrschende Elite aufgezwungen wird. Diese Sprache ist so vereinfacht und umstrukturiert, dass eine Ablehnung des Systems nicht mehr in Worte gefasst werden kann.

52. Kontrolle über das Geschichtsbild

»Wer die Vergangenheit kontrolliert, kontrolliert die Zukunft. Wer die Gegenwart kontrolliert, kontrolliert die Vergangenheit.«[49] Dieses Zitat aus »1984« zeigt: Das Verständnis der Geschichte ist sehr wichtig, denn es ermöglicht Vergleiche, wodurch aktuelle Geschehnisse besser bewertet werden können. Durch die Beeinflussung des historischen Bewusstseins kann der intellektuelle Horizont der Bevölkerung fast beliebig verschoben und eingeengt werden. Beispielsweise durch die Methode der Verkürzung, bei der nur ein bestimmter Zeitabschnitt herausgepickt und die Vorgeschichte unterschlagen wird.

Je nachdem was bei der historischen Darstellung im Vordergrund steht, kann daraus zudem ein jeweils anderes Selbstbild der Rezipienten resultieren. Sind dies etwa bei der europäischen Geschichte die philosophischen, wissenschaftlichen, politischen, künstlerischen, technischen und architektonischen Errungenschaften, werden die Menschen dieses Kulturkreises ein eher positives Selbstbild erfahren. Umgekehrt ist es, wenn Aspekte der Unterdrückung, Diskriminierung und Ausbeutung Betonung erhalten.

53. Die Pseudoopposition

Wer die Kontrolle über den politischen Raum möglichst vollständig erhalten möchte, der kontrolliert im Idealfall nicht nur die Regierung, sondern auch die Opposition. Die Erschaffung künstlicher Graswurzelbewegungen wurde bereits im Abschnitt zur Mohawk-Valley-Formel beschrieben. Dies kann auch in wesentlich größerem Maßstab geschehen, indem etwa künstliche Oppositionsgruppen in fremden Ländern oder auch im eigenen Staat installiert werden, die dann zum Sturz unliebsamer Regierungen führen. Beispiele können bei den Revolutionen in Georgien, der Ukraine, Serbien, Libyen und Syrien gesucht werden.

In »1984« verkörpert Emmanuel Goldstein die Pseudoopposition. Er ist gleichzeitig ein Köder für Dissidenten und Hassobjekt für die Masse. Im innenpolitischen Bereich sind künstliche Protestbewegungen und Scheindebatten nützlich, um den wachsenden Unmut der Bevölkerung kanalisieren und somit kontrollieren zu können. Man erkennt eine Pseudoopposition daran, dass sie vom herrschenden politisch-medialen Komplex positiv dargestellt wird und dass ihr Geld und Sendezeit zur Verfügung stehen. Ein weiteres Kriterium ist, dass ihre Inhalte lediglich eine extreme Form derjenigen Politik sind, die ohnehin von der Regierung betrieben und propagiert wird. Wenn die Pseudoopposition kritisiert, dass eine bestimmte Politik nicht konsequent genug durchgesetzt wird, dann hat das Monopol einen Vorwand für radikaleres Vorgehen.

Künstlich installierte Protestbewegungen bilden eine Art Ventil für Unzufriedene. Zugleich können durch sie Aufstände verhindert oder gezielt erzeugt werden, indem aufbegehrende Bevölkerungsgruppen in eine gewünschte Richtung gelenkt werden, den Fokus weg vom Establishment. Auch können durch solche »Protestbewegungen« weitergehende Forderungen salonfähig gemacht werden, die scheinbar von der Straße und nicht aus dem Zentrum der Macht kommen.

Eine zweite Form der Pseudoopposition verfolgt zwar zur Regierung konträre Ziele, aber mit ineffektiven oder kontraproduktiven Mitteln, wie zum Beispiel mit Gewalt, was dem Establishment die Möglichkeit eröffnet, mit Gewalt zu kontern und die gesamte Protestbewegung zu verbieten.

54. Installieren eines Panopticons

Das Panopticon ist ein von dem englischen Utilitaristen Jeremy Bentham entwickeltes Gefängniskonzept, dessen Grundstruktur auch auf die soziale Steuerung übertragen werden kann. Es handelt sich dabei um einen Bau mit kreisförmigem Grundriss und durchsichtigen Zellentüren. In der Mitte steht ein Wachturm, von dem aus alle Zellen beobachtet werden können, ohne dass erkennbar ist, ob sich wirklich eine Wache darin befindet.

Das Panopticon sorgt bei allen Gefangenen für das Gefühl ständiger Beobachtung durch einen Wachmann und die anderen Gefangenen. Dadurch verhalten sie sich gefügig, ohne dass sie tatsächlich rund um die Uhr überwacht würden.[50] Das Prinzip wurde in »1984« verarbeitet, indem die Teleschirme des Großen Bruders die Bevölkerung allumfassend beobachten. Und auch in der Deutschen Demokratischen Republik wusste man nie, wer ein Stasi-Spitzel war, und musste sich stets so verhalten, als würde man durchgehend überwacht. Strukturen, bei denen eine gegenseitige Überwachung befürchtet wird und die Angst davor allgegenwärtig ist, sind besonders effizient.

55. Kriminalisierung des Denkens

Das »Gedankenverbrechen« in »1984« steht für ein weiteres wichtiges Konzept: Durch Kriminalisierung und Stigmatisierung werden bestimmte Gedanken nicht einmal oberflächlich zugelassen. Ein Staat, der Denkmuster kriminalisiert, erzeugt Selbstzensur – die Schere im Kopf – sowie vorauseilenden Gehorsam und engt dadurch den Raum der gesellschaftlichen Debatte nach seinem Belieben ein. Es werden so die äußersten Bereiche des Overton-Fensters definiert.

» *Ohne Nagel und Holz kann man kein Haus bauen. Will man den Bau eines Hauses verhindern, beseitige man Nägel und das Holz. Will man verhindern, dass es politisches Unglück gibt, sorge dafür, dass der Mensch nicht beide Seiten einer Frage kennenlernt, sondern nur eine. Oder noch besser gar keine.«*

Ray Bradbury: Fahrenheit 451 (1953)

Auch Ray Bradbury thematisiert in seinem Roman »Fahrenheit 451« die Zerstörung weitreichender Wissensbereiche. Verbot und Vernichtung von Literatur führen darin zu einer ungebildeten und leicht lenkbaren Bevölkerung.

56. Gaslighting

Gaslighting ist eine Methode zur Störung des Realitätsempfindens. Der Begriff stammt aus dem Theaterstück »Gas Light« von Patrick Hamilton aus dem Jahr 1938. Darin treibt ein Ehemann seine Frau in den Wahnsinn, indem er ihr einredet, sie bilde sich real existierende Dinge wie das Flackern der Gaslichter nur ein. Gaslighting zielt darauf ab, die Unterscheidung von Illusion und Realität im Geist des Opfers zu unterlaufen, indem eine starke Autorität behauptet, Dinge, die klar zu sehen sind, seien nicht existent, oder Dinge, die nicht existieren, seien real. Im Opfer entsteht eine Dissonanz zwischen der eigenen Wahrnehmung und der durch die Autorität vorgegebenen Scheinrealität.

Das Ministerium für Staatssicherheit verwendete die Methode im Rahmen der Zersetzung, um politische Gegner an sich selbst zweifeln zu lassen.[51] Und in »1984« werden der Bevölkerung paradoxe Aussagen wie »Krieg ist Frieden«, »Freiheit ist Sklaverei«, »Ignoranz ist Stärke« und »2 + 2 = 5« als unantastbare Wahrheit präsentiert. Jeder, der diese Widersprüche hinnimmt, unterwirft sich vollkommen der Realitätsversion der herrschenden Schicht. Ein solches Vertauschen von guten und schlechten Dingen nennt man auch Inversion. Eine davon betroffene Bevölkerung hält die für sie schädlichen Dinge für gut und die nützlichen Dinge für schlecht. Sie treibt aufgrund dessen aktiv die eigene Versklavung voran, da sie diese für gut erachtet.

57. Die Subversion

Subversion ist die Untergrabung der tragenden Strukturen eines Gemeinwesens. Wenn man Kontrolle ausüben möchte, kann es von Vorteil sein, die Strukturen zu untergraben, welche der eigenen Herrschaft gefährlich werden könnten. Schon Aristoteles

»

Die Tyrannis zielt nämlich auf drei Dinge ab, zum einen darauf, daß die Beherrschten kleinmütig denken ..., zum zweiten darauf, einander völlig zu mißtrauen ..., und zum dritten auf das Unvermögen in Staatsangelegenheiten ...«

Aristoteles: Politik (Vollständiges Zitat im Anhang)

erkannte dieses Prinzip und beschrieb es in seinem Werk »Politik« im Abschnitt, der von der Aufrechterhaltung einer Tyrannei handelt.[52] Dort führt er drei Zustände auf, die ein Despot verhindern muss, wenn er seine Macht aufrechterhalten möchte: das Selbstvertrauen der Bürger, das Zutrauen zueinander und die Einflussnahme der Bürger auf die politischen Verhältnisse. Eine unsichere, vereinzelte und machtlose Bevölkerung wird nichts unternehmen, um dem Tyrannen zu schaden. Er muss also verhindern, dass herausragende Persönlichkeiten ihren Mitmenschen Vorbilder sein können. Gleichzeitig soll der Tyrann laut Aristoteles die Schwachen und Leibeigenen stärken (vgl. Machiavelli-Zitat auf S. 27), die dadurch abhängig vom Herrscher werden, getreu dem Motto »Wes Brot ich ess, des Lied ich sing«. Die verschiedenen Gruppen können so auch leichter gegeneinander ausgespielt werden. Des Weiteren muss der Machthaber Zwietracht in der Bevölkerung säen, gegenseitiges Misstrauen hervorrufen, keine politischen Diskussionen zulassen und Bildung verhindern, denn eine ungebildete und gespaltene Bevölkerung ist ohnmächtig – ohne Macht.

Aristoteles beschrieb die Technik der Subversion bereits im 4. Jahrhundert v. Chr. Durch die Untergrabung des gegenseitigen Vertrauens, der einigenden Strukturen und der sozialen Hierarchie erlangt der Herrscher größere Kontrolle über die Bevölkerung. Besonders die Verhinderung eines Diskurses ist hier hervorzuheben. Die Diskussion war unverzichtbarer Bestandteil der attischen Demokratie. Die Agora, der Marktplatz Athens, war der Ort, an dem sich die Bürger trafen und über das politische Geschehen diskutierten. Eine Stadt ohne einen solchen Platz konnte nicht als Demokratie bezeichnet werden. Der direkte Meinungsaustausch verhindert, dass unidirektionale Sender-Empfänger-Strukturen etabliert werden können. Für einen despotischen Herrscher ist es deshalb zwingend notwendig, den Diskurs stark zu regulieren. Unerwünschte Meinungen können nur unterdrückt werden, indem man sie indiskutabel macht.

Ebenso hilfreich ist die Verhinderung von Bildung. Eine ungebildete Bevölkerung ist schlecht informiert über relevante Themen und Fakten. Selbst eine freie Diskussion würde dann kein Umdenken bewirken. Eine Alternative hierzu wäre eine vom Machtapparat gesteuerte Scheinbildung. Die Bevölkerung hält sich in dem Fall für gebildet, obwohl sie lediglich oberflächliches Wissen besitzt und eingeübte Phrasen rezipiert. Die Scheinbildung erzeugt einen Bildungsdünkel: Die Betroffenen wehren sich aktiv gegen abweichende Informationen, da sie die Wahrheit schon zu kennen meinen. Menschen, die glauben, gebildet zu sein, lassen sich oft leichter kontrollieren als ungebildete. Die Kontrolle über das Schulsystem ist eine der wichtigsten Säulen der politischen Indoktrination: Sie erlaubt, dem leicht formbaren Geist von Kindern durch Belohnung und Bestrafung eine einheitliche Gestalt zu verleihen.

58. Pseudoindividualismus

Auch der Individualismus kann instrumentalisiert werden, um eine Gesellschaft zu spalten und ihr Gedanken an gemeinschaftliches Handeln aus dem Kopf zu schlagen. Dabei wird das Augenmerk nur auf äußere, nebensächliche Erscheinungen gelenkt und Unterschiede betont, etwa in der Mode oder bei Konsumgütern, so auch bei Sportklubs, Tattoos oder dem Musikgeschmack. Auf politischer, religiöser und weltanschaulicher Ebene hingegen wird auf eine starke Vereinheitlichung hingearbeitet und keine Abweichung geduldet. Der Pseudoindividualismus fördert also nicht die Einzigartigkeit einer Persönlichkeit, sondern beschränkt sich kurioserweise auf beliebig austauschbare Güter und Handlungen ohne tiefere Bedeutung, mit denen zudem noch Profit gemacht werden kann.

59. Entwurzelung

Im soziologischen Bereich bedeutet Entwurzelung das Lostrennen eines Menschen von den Dingen, an die er fest gebunden ist, wie Familie, Sippe, Volk, Religion, Heimat, Kultur, Geschichte, Grundbesitz, Eigentum und Freundschaft. In einer entwurzelten Gesellschaft ist der Einzelne lediglich ein austauschbares Zahnrad im großen Getriebe. Alles ist verhandelbar und ein Wechsel des Wohnorts, der Familie, der Arbeit oder der Ideen Normalität. Eigenarten sind verschwunden, die Menschen unterscheiden sich nur noch oberflächlich voneinander. In seiner Funktion als Arbeiter und Konsument ist jeder beliebig ersetzbar, auch wenn eine Pseudovielfalt der Formen besteht. Die Bevölkerungen haben dann ihren festen Platz in der Welt verloren und sind als flexible Arbeitermasse leicht über den Globus verschiebbar.

Wenn Atomisierung, Entwurzelung und Scheinbildung zusammentreffen, verliert das Leben den tieferen Sinn. Dies zeigt sich anhand der banalen Themen, über die dann geredet wird. Gespräche verbleiben stets auf der Ebene privater Belanglosigkeiten. In diesem Zustand werden sich Nachbarn fremd, und man fühlt sich überall wie in der Fremde. Missgunst und Neid blühen auf, da jeder nur für sich lebt und arbeitet. Ehen zu schließen und zu bewahren wird schwer, weil sich auch die Geschlechter voneinander entfremden und feste Bindungen an Bedeutung verlieren. Die Kindererziehung wird mühsam, wenn keine Großfamilien und oft auch keine intakten Kleinfamilien mehr existieren. Der Staat nutzt dies, um auch die kleinsten Kinder in seine formenden Hände zu bekommen. Sitten und Feste werden zum hohlen Spektakel. Kunst und Architektur verlieren ihre inspirierende Kraft.

Der persönliche Bezug zur Umgebung kommt abhanden. In Städten wie Berlin, London oder Wien wohnen dann keine Berliner, Londoner oder Wiener mehr, sondern Konsumenten. Was die Städte voneinander unterscheidet, sind die leblosen Überbleibsel vergangener Zeiten. Die neuen Kunststile, Architekturformen und Ideenwelten sind austauschbar und bedeutungsleer. Geborgenheit und innere Verbundenheit verschwinden, psychische Krankheiten verbreiten sich rasant, und die Menschen stehen sich mehr und mehr wie Werkzeuge gegenüber, die nur Aufgaben erfüllen, die man ihnen gibt. Die Leere in ihren Herzen füllen sie mit ausschweifenden Vergnügungen wie Pornografie, Drogen, Alkohol, kindischer Unterhaltung oder maßloser Völlerei.

Man flüchtet in fremde Länder, virtuelle Welten oder groteske Fantasien, weil man es mit sich selbst nicht mehr aushält. Man verbringt seine Tage in den Tretmühlen zielloser Arbeit für Konzerne, denen man gleichgültig ist. Eine Veränderung der Situation wird irgendwann undenkbar, da man nie eine andere Welt kennengelernt hat und es keinen Zusammenhalt mehr gibt, der einen gemeinsamen Willen zur Veränderung überhaupt nur ermöglichen würde. Die Meinungen werden vorgegeben, und wer anders denkt als die Masse, muss wohl wahnsinnig sein. Geschichten, Tugendlehren und Philosophien der Vergangenheit sind vergessen. Die neuen Vorbilder sind künstlich geschaffene Idole, die alles sagen, wenn man sie dafür bezahlt. Man lebt in Angst und Abhängigkeit, aber hält sich für frei. Man ist einförmig und geistlos, aber hält sich für individuell und gebildet. Man ist gehorsam und angepasst, aber hält sich für stark und souverän. Der Schatten ewiger Gleichgültigkeit liegt über den Dingen, aber man verschießt die Augen, um der Verantwortung zu entgehen.

60. Subtile Beeinflussung

Die effektivsten Mittel zur Beeinflussung können subtil verborgen werden, sodass sie nicht direkt zu erkennen sind. Der Grundsatz, dass eine unterschwellige Lenkung wirksamer sein kann als eine offensichtliche, wurde schon von Edward Bernays erkannt. In seinem Buch »Propaganda« nennt er das Beispiel, dass eine Firma, welche Klaviere verkaufen möchte, eine Kampagne starten solle, in der propagiert werde, dass ein Klavierzimmer modisch sei. Hierzu gehört selbstredend auch der Kauf eines Klaviers, die eigentliche Botschaft der Firma wird somit indirekt gesendet.[53]

Von Bernays wurde auch im Auftrag der Tabakindustrie eine Werbekampagne geplant: In den 1920er-Jahren war es für Frauen verpönt zu rauchen, denn es stand als Zeichen für Prostitution. Die beworbenen Zigaretten wurde deshalb als »Torches of Freedom« – Fackeln der Freiheit – bezeichnet, was für die Gleichberechtigung zwischen Mann und Frau stand. Schöne, charakterstarke Frauen mit Zigaretten sollten die Produkte zum Symbol der feministischen Bewegung machen.[54] Die Kampagne war erfolgreich: Während 1924 nur 6 Prozent der Frauen rauchten, waren es 1935 mit 18 Prozent bereits dreimal so viele.[55] In der subtilen Botschaft wurden zudem emotionale Grundtriebe angesprochen, dies erleichterte die Überzeugungsarbeit drastisch.

Das gleiche Schema kann man auch in anderen Bereichen wie Filmen oder Musik erkennen. So mag man Musik hören, die unterhaltsam ist und gut klingt, nebenbei aber kann ein Lebensstil, ein gesellschaftliches Rollenbild oder eine Ideologie propagiert werden, was den Konsumenten oft nicht klar ist. Botschaften, die in Medien versteckt sind, sind nicht leicht als solche erkennbar.

61. Stimmungserzeugung

Das Auslösen von Emotionen ist aus der Filmbranche bekannt. Durch bedrohliche Musik, dunkle Färbung der Bilder oder mittels Mimik, Gestik und Rhetorik wird etwa in Horrorfilmen Angst im Publikum hervorgerufen. Genauso können heitere Musik und eine fröhliche Bildsprache positive Emotionen wecken. Filme sind besonders gut für Indoktrination geeignet, weil dort das Erzeugen von Stimmung als normal empfunden wird und das beiläufige Einflechten manipulativer Inhalte hinter dem Unterhaltungsaspekt verborgen werden kann. In Film und Fernsehen werden Scheinrealitäten präsentiert, in die das Publikum bereitwillig eintaucht. Man identifiziert sich mit der künstlich erzeugten Welt und neigt dazu, Prämissen, Narrative und Stereotype unhinterfragt zu akzeptieren. Das Erzeugen von Stimmungen ist aber auch bei journalistischer Berichterstattung ein bewährtes Mittel, wenn beispielsweise emotionalisierende Bild- und Tontechniken eingesetzt werden, die der politischen Lenkung der Zielgruppe dienen.

62. Beschäftigungstherapie

Besteht in der herrschenden Klasse ein Interesse daran, dass sich die Bevölkerung nicht mit wichtigen Dingen auseinandersetzt, wird sie mit Unwichtigem beschäftigt gehalten. Die Gedanken sollen sich dann um sinnlose Bürokratie drehen, um das Hamsterrad der Arbeit oder Alltagsprobleme. So kommen die Menschen nicht mit Themen in Berührung, die der Herrschaftsstruktur gefährlich werden könnten.

Die Methode funktioniert auch im Rahmen von scheinbaren Verbesserungsmaßnahmen, denn ein unzufriedener Mensch, der an der Änderung seiner Situation zu arbeiten meint, ist beschäftigt, abgelenkt und verspürt sogar Sinn in seinem Leben. Präsentiert man ihm ein Problem, das mit der Herrschaftsstruktur nichts zu tun hat, und eröffnet ihm dann Möglichkeiten zur Verbesserung der Zustände, die idealerweise darin bestehen, bestimmte Produkte zu kaufen oder den Alltag anders zu strukturieren, füllt dies große Teile seines Lebens und Denkens aus. Das kann so weit gehen, dass ein Kult um bestimmte Handlungen entsteht mit einer Scheinsinngebung, welche die Gedanken der Menschen auf ein einziges Thema fokussiert.

Das Konzept lässt sich auch im Umgang mit der politischen Opposition anwenden, indem man sie dauerhaft mit unzähligen nadelstichartigen Repressionen belegt, woraufhin sie in sinnlosen Aktivismus verfällt, also beschäftigt ist und somit keine Zeit für effiziente politische Arbeit mehr findet.

63. Ent- und Repolitisierung

In Kombination führen viele der hier dargestellten Techniken zur Entpolitisierung der Öffentlichkeit. Politische Begebenheiten können nicht mehr korrekt eingeschätzt werden, und ein Interesse an Politik geht generell verloren. In einer Demokratie aber sollte es eigentlich normal sein, über politische Themen und ganz besonders über die kritischen Angelegenheiten zu diskutieren. Ist dies aufgrund der fortgeschrittenen Entpolitisierung kaum mehr der Fall, wird es zwingend notwendig, sich zu bilden und Eigeninitiative zu ergreifen.

Die Entpolitisierung begleiten können Phasen politischen Fanatismus, bei denen eine starke Meinung eingefordert und öffentlich zur Schau gestellt wird. Propaganda kann also in entgegengesetzte Richtungen wirken und sowohl als Beruhigungs- als auch als Aufputschmittel dienen. Sie kann Gruppen gründen oder zersetzen, Sinn stiften oder zerstören. Sie kann durch ein

Verbot des Auslebens natürlicher Bedürfnisse dafür sorgen, dass sich emotionale Spannungen wie Hass, Angst, sexuelle Lust, Zugehörigkeits- oder Sinnbedürfnis aufstauen und dann einen legitimen Weg der Entladung anbieten, der das Opfer in eine gewünschte Richtung treibt, wenn ihm ein Weg der erlaubten Verwirklichung angeboten wird.[56]

64. Die Kampagne

Bei einer Kampagne werden zahlreiche Manipulationstechniken miteinander kombiniert. Ähnlich wie ein militärischer Feldzug wird sie unter Beachtung der finanziellen und medialen Mittel, der Konkurrenz, des Zeithorizonts und der zu beeinflussenden Gruppe geplant. Ziel ist das Bekanntmachen einer Marke, wobei hier auch eine Idee, eine Person oder eine Information darunter verstanden werden kann. Die Kampagne wird exakt auf die Zielgruppe zugeschnitten, deren Vorlieben und Verhaltensweisen dienen als Basis. Sie muss auf eine positive Weise einprägsam sein, sodass sich die Zielperson mit der Marke identifiziert und eine emotionale Bindung aufbaut. Wichtig ist es, zu erkennen, dass es darauf ankommt, die öffentliche Meinung zum beworbenen Objekt oder Subjekt positiv zu gestalten. Wenn jemand aus der Zielgruppe dazu befragt wird, ist es weniger entscheidend, wie dieser persönlich darüber denkt, sondern was er meint, was andere davon halten. Ist die Person der Ansicht, dass alle die Marke kennen und ihr positiv gegenüberstehen, dann war die Kampagne erfolgreich, denn das Gruppendenken wurde auf die richtige Weise gelenkt. Das Gegenteil der Werbekampagne ist die Schmutzkampagne, welche negative Gruppenemotionen auslösen soll.

65. Zielgruppenspezifizierung

Die Beachtung der Zielgruppe ist elementar bei der Vorbereitung einer Propagandaaktion. Das gilt in der Werbung genauso wie für die Politik. In Sonderfällen ist es auch möglich, mehrere Zielgruppen anzusprechen. Ein Beispiel dafür ist ein Internet-Aktivist, der sein Stammpublikum dazu aufruft, Flugblätter zu verteilen. Die erste Stufe der Kampagne richtet sich also an die Anhänger, die zweite an eine größere Zielgruppe. Die Ansprache muss auf beide abgestimmt sein.

Auch die im Abschnitt zur Stereotypisierung erwähnte Pseudorealität kann auf unterschiedliche gesellschaftliche Gruppen zugeschnitten sein und entsprechend erzeugt werden. Denn Junge, Alte, Männer, Frauen, Oppositionelle und Regierungstreue leben in eigenen Verstandeswelten, sogenannten Ideenblasen mit jeweils eigenen Ansichten und Selbstverständnissen. Eine Blase kann nun mit gezielten Kampagnen so verändert werden, dass andere Gruppen dadurch unbetroffen bleiben.

66. Dressur

Stetig geübter Gehorsam im Alltag lässt das Bewusstsein dafür, dass die Ausübung des freien Willens möglich und sinnvoll ist, verkümmern. Wenn man von Bürokratie, Vorschriften und Handlungsanweisungen umgeben ist, folgt man meist nur noch den vorgegebenen Signalen und empfindet dies als ganz normal und angebracht. Gesetze, die weit ins Privatleben eingreifen, sowie Vorgesetzte, Erzieher und Lehrer, deren Hauptaugenmerk nicht die persönliche Entwicklung, sondern die Befehlsausführung ist, oder gesslerhutartige Routinen nehmen dem Einzelnen die selbstständige Entscheidungsfindung ab, was die Eigenverantwortung des Bürgers untergräbt. Die tägliche Unterordnung in kleinen Dingen steht der souveränen Meinungsfindung bezüglich großer Staatsangelegenheiten gegenüber. Ein Staat, der mit einem *»Netz kleiner und verwickelter Regeln von peinlicher Genauigkeit und Einförmigkeit«*[57] belegt ist, wird zum Vormund, der leicht neue Vorschriften aufstellen kann, da die Bevölkerung an das Gehorchen gewöhnt ist.

67. Der künstliche Skandal

Der künstliche Skandal ist eine Form von Guerilla-Marketing. Das Prinzip hinter der Strategie ist, mit möglichst geringem Aufwand große Aufmerksamkeit zu generieren. Durch anstößiges Auftreten etwa sollen reichweitenstarke Medien dazu gebracht werden, die Situation aufzugreifen, was dann für große öffentliche Resonanz sorgt. Bei der Planung ist darauf zu achten, dass die positiven Effekte die negativen überwiegen und durch den Skandal keine dauerhafte Schädigung des Rufes eintritt.

Derartige Konzepte sind besonders für Nischen- und Randgruppen interessant, da sie mit geringem Budget und verhältnismäßig wenig Zeiteinsatz virale Netzwerkeffekte nutzen können.

68. Dekontextualisierung

Durch systematisches Verschweigen wichtiger Hintergrundinformationen und Zusammenhänge kann im Rahmen von Propaganda von einer bestimmten Situation leicht ein gewünschtes Bild gezeichnet werden. Somit ist die Dekontextualisierung eine Komplementärtechnik zum Framing.

Dekontextualisierung findet sich häufig bei der Berichterstattung zu Kriegen und Konflikten, zum Beispiel bei der

Maidan-Revolution im Jahr 2014. Zum Verständnis des Regimewechsels sind Hintergrundinformationen sehr hilfreich. Der US-Militärstratege Zbigniew Brzeziński betrachtete etwa in seinem Buch »Die einzige Weltmacht« die Ukraine schon im Jahr 1997 als Schlüsselstaat für die Ausweitung der US-amerikanischen Macht.[58] Die CIA ist seit jeher an der Inszenierung von Putschen beteiligt, das leugnet die Agency auch nicht, und die USA haben laut der ehemaligen Staatssekretärin für europäische und eurasische Angelegenheiten Victoria Nuland fünf Milliarden Dollar für die »Demokratisierung« der Ukraine ausgegeben, wobei darunter im Kontext der Scheinfreiheit auch »Amerikanisierung« verstanden werden kann.[59] Um die Proteste auf dem Maidan, das Auftreten von Scharfschützen, welche sowohl Demonstranten als auch Polizisten erschossen und somit maßgeblich zum Sturz des damaligen ukrainischen Präsidenten Janukowytsch beitrugen, oder auch die Bildung der Nachfolgeregierung besser einordnen zu können, werden wesentliche Hintergrundinformationen benötigt, wie sie zum Beispiel in den Büchern von Wolfgang Bittner oder Gabriele Krone-Schmalz zu finden sind. Globale Konflikte sind nur in geostrategischem Kontext wirklich begreifbar, wobei Recht und Moral zumeist nur zu propagandistischen Zwecken hochgehalten werden, in Wahrheit aber Macht- und Einflusssphären die eigentlichen Motive darstellen, auch wenn sie durch Doppelstandards, Dämonisierung und Moralisierung übertönt werden. Besonders wenn die allerorts zu hörende Interpretation der Lage zufällig demjenigen nützt, der die größte Macht über die Region besitzt, dann sollte man hellhörig werden. Vor allem ist es notwendig, Bücher zu lesen, da die fragmentierten Medienberichte meist nicht genügend Kontext vermitteln. Die Fähigkeit, eigenständig zuverlässige und differenzierte Informationen zu sammeln, sollte besonders in Zeiten zunehmender Zensur stetig geübt werden.

Ein zweites Beispiel für Dekontextualisierung ist die Berichterstattung zur Massenmigration. Seit 2012 wandern jedes

Jahr mehr als eine Million Menschen nach Deutschland ein, von 2012 bis 2020 insgesamt 13,6 Millionen.[60] Die Bevölkerung Afrikas wächst jährlich um ca. 32 Millionen Menschen.[61] Wenn die deutsche Bevölkerung diese und einige weitere Fakten kennen würde, ließe sich das derzeitige Regierungshandeln wesentlich schwerer durchsetzen. Stattdessen wird stark mit Einzelschicksalen, Schuldgefühlen, Schwarz-Weiß-Malerei und der Dämonisierung gearbeitet, was die Kritik am Thema aus dem Diskurs verbannt.

69. Emotionale Bindung durch Einbettung

Der psychologische Effekt, dass jemand eine emotionale Bindung zu einer Idee oder einem Vorhaben entwickelt, wenn er persönlich darin verstrickt ist, ist schon lange bekannt. Der chinesische Militärstratege Sunzi schrieb im 5. Jahrhundert v. Chr. in seinem Buch »Die Kunst des Krieges«, dass man eine zögerliche Armee dadurch zum Kampfe entschlossen machen könne, indem man sie tiefer ins Feindesland führt.[62] Denn die damit verbundenen Strapazen binden die Armee psychologisch an den Feldzug. Dieses Prinzip kann auch in der Politik verwendet werden, wenn man die Bevölkerung dazu bringt, für eine unbeliebte Agenda persönliche Opfer und Einbußen hinzunehmen, und die Agenda als alternativlos hinstellt. Die erlittenen Verluste und die scheinbare Abwesenheit anderer Optionen machen die Menschen geneigter, den beschrittenen Weg gutzuheißen. Eine ähnliche Bindung wird erzeugt, wenn eine Person oder Gruppe von einer politischen Entscheidung stark profitiert. Auch in diesem Fall ist sie darin verstrickt und verliert den neutralen Blick.

70. Pseudokritik

Pseudokritik dient zur Entschärfung kritischer Inhalte, indem jemand scheinbar über ein wichtiges Thema berichtet, ohne die tatsächlich sensiblen Bereiche anzusprechen. So könnte etwa jemand über Edward Bernays und die Geschichte der Propaganda berichten und die Anwendung propagandistischer Methoden in der Werbung oder in anderen Ländern kritisieren, den Einsatz der gleichen Mittel bei der politischen und kulturellen Beeinflussung im eigenen Land aber verschweigen. Das Publikum hält sich daraufhin für aufgeklärt, obwohl es die wichtigen Kritikpunkte Bernays' gar nicht kennt, welche ein fundamentales Umdenken herbeiführen könnten. Pseudokritik ist eine Form von Gatekeeping, was so viel wie »das Bewachen des Tores« bedeutet. Der Begriff beschreibt also den generellen Prozess der Meinungsselektion in der öffentlichen Kommunikation. Es ist ein Mittel zur Aufrechterhaltung des Meinungsmonopols.

71. Reaktivierung alter Traumata

Ein Trauma, also eine zurückliegende seelische Erschütterung oder eine als Kind erlernte Überlebensstrategie, wirkt im Unterbewusstsein fort und erzeugt eine starke emotionale Bindung an die Situation, welche es einst auslöste. Durch Hinweisreize (Trigger) im Alltag werden alte Gedanken und Gefühle wachgerufen und ziehen unbewusste Verhaltensmuster nach sich. Solange diese Muster nicht durchschaut respektive aufgelöst werden, ist eine neutrale innere Haltung schwer erreichbar.

Im Rahmen einer Propagandakampagne, die vornehmlich auf Angst setzt, macht man sich dies zunutze. Bei vielen Menschen werden durch so eine Kampagne zurückliegende Traumata reaktiviert, die diejenigen dann in eine Art Schockzustand versetzen und wie paralysiert auf Befehle der Autorität warten lässt, welche die emotionale Spannung lindern. Dies zu durchschauen ist für die Betroffenen schwierig, da in einem aufgewühlten inneren Zustand kaum Raum für analytisches Denken bleibt. Durch Botschaften, welche zur Assoziation mit der traumatischen Situation führen, können so selbst sachliche Inhalte einen starken Reflex in der erwünschten Richtung hervorbringen.

Daneben kann es zu einer Angstabwehr kommen, zum Beispiel dann, wenn Menschen in einer Gesprächssituation erkennen, dass das Zulassen eines bestimmten neuen Gedankens einiges an Veränderung mit sich bringen würde (zum Beispiel einen neuen Job, neuen Partner oder neuen Freundeskreis suchen zu müssen), die aber nicht verkraftet werden würde. Deshalb wird der Gedanke antizipatorisch als falsch abgelehnt, obwohl derjenige eigentlich weiß, dass er korrekt ist. Solche inneren Entscheidungsprozesse verlaufen innerhalb von Sekundenbruchteilen.

72. Herrschaft durch den Nimbus

Gustave Le Bon beschreibt den Nimbus als Aura der Autorität, etwa von Gebäuden, religiösen Götterbildern, Ideen oder Menschen, welche die Umstehenden zum Gehorsam verleite.[63] Sie erweckt Ehrfurcht und einen Drang zur Unterordnung. Ein Nimbus kann künstlicher oder natürlicher Art sein. Der künstliche entsteht durch Ämter, Reichtum oder eine besondere Kleidung. Die Personen erscheinen dadurch als Verantwortungsträger, weshalb ihren Befehlen leichter gehorcht wird. Der natürliche Nimbus ist hingegen angeboren und zeigt sich in einem extrem selbstbewussten Auftreten und einer Verhaltensweise, die beim ersten Anblick Autorität vermittelt. Heldenfiguren, Machthaber und Religionsgründer strahlten eine solche natürliche Aura der Überlegenheit aus, etwa Cäsar, Napoleon oder Buddha.

Eine Manifestation des künstlichen Nimbus ist die Galionsfigur. Sie steht an der Spitze einer Bewegung oder Partei und wird zumeist verherrlichend dargestellt. Die jeweilige Person besitzt nicht unbedingt politische Macht, sie muss lediglich gut beim Publikum ankommen und seriös wirken. Die Bevölkerung achtet dann nicht mehr so sehr darauf, ob sie mit den Inhalten der durch die Galionsfigur repräsentierten Gruppe oder Institution einverstanden ist, sondern interessiert sich nur dafür, ob die betreffende Person sympathisch ist oder nicht. Die Galionsfigur kann auch bereits verstorben sein. Der Märtyrerkult ist sogar ein sehr effektives Mittel zur Erzeugung eines Nimbus.

73. Überzeugungstechniken

Um jemanden zum Kauf einer Ware zu bewegen, existieren verschiedene Methoden. Zum Beispiel kann man eine Knappheit suggerieren oder die Exklusivität einer Ware betonen, sodass die Zielperson meint, möglichst schnell zugreifen zu müssen, bevor die Ware ausverkauft ist. In der Werbebranche passiert dies mit Sprüchen wie »Nur noch 10 Exemplare vorhanden!«, »Greifen Sie schnell zu!«, »Nur für kurze Zeit« oder »Limitierte Auflage«. Eine zweite Methode ist das Schaffen von Anreizen durch Geschenke oder Bonusprogramme, was eine Kaufhemmung herabzusetzen vermag. »Kaufe eins und bekomme ein Zweites gratis dazu!« oder »Gratis-Spielzeug zum Produkt«. Eine dritte Verkaufsstrategie ist die Abofalle: Man bietet das Produkt zwar zu einem sehr niedrigen Preis an, der eigentliche Gewinn aber wird mit dauerhaften Zusatzkosten erwirtschaftet, welche zum Betrieb der Ware notwendig sind, etwa bei Kaffeemaschinen und Tintenstrahldruckern. Die vierte Strategie ist die persönliche Weiterempfehlung der Kunden untereinander. So nutzt man das Vertrauen unter den Kunden für den Vertrieb aus. Beispiele sind Verkaufspartys, bei denen die Kunden eine Provision für den Weiterverkauf erhalten. Dieses Konzept nennt man Netzwerkmarketing.

Auch die Überflutung mit Fakten gehört zu den Überzeugungstechniken. Eine Vielzahl an Informationen stellt ein Produkt ins positive Licht, sodass letztlich ein stereotypes, wertendes Bild zurückbleibt. Hierdurch können selbst trockene Informationen genutzt werden, um Zuneigungsgefühle auszulösen.[64]

Neben sanften Überzeugungstechniken, wie man sie aus dem Marketing kennt, wird in der politischen Propaganda häufig zu härteren Maßnahmen gegriffen, etwa gesellschaftlichem Druck oder Erpressung: »Sie werden sozial ausgeschlossen, wenn Sie dies und das nicht tun«, »Ihnen drohen konkrete Nachteile« oder »Sie werden bestraft, wenn Sie nicht Folge leisten«. Dies kann bis zur psychologischen Folter gehen.

74. Selbstlosigkeit als Vehikel

Viele Menschen sind gewillt, einer Agenda zu folgen, wenn die Absicht dahinter selbstlos erscheint. Die Aufopferung für andere wirkt moralisch sehr überzeugend, wodurch sie ein idealer Deckmantel für politische Programme ist. Dadurch wird sozialer Konformitätsdruck erzeugt, und Abweichler werden als unsozial und verantwortungslos gebrandmarkt, was die Schweigespirale in Gang setzt. Indem die Obrigkeit ihre Entscheidungen als altruistisch und moralisch notwendig darstellt, erhebt sie einen Absolutheitsanspruch, was vor Kritik schützt.

75. Erzeugung von Schuldgefühlen

Auch Schuldgefühle können dazu benutzt werden, gesellschaftlichen Einfluss auszuüben, weshalb dieses Konzept in der Propaganda sehr beliebt ist. Über Schuldkomplexe kann nämlich starker emotionaler Druck aufgebaut werden. Dies kann bis zum Selbsthass und zur totalen Unterwerfung führen – auf individueller wie auf kollektiver Ebene. Beispiele sind: die Schuld an der Umweltzerstörung, an der Ausbeutung, an der Sklaverei, an vergangenen Verbrechen, an der Verbreitung von Krankheiten, gar am Bösen in der Welt. Brennt sich das tief ins Bewusstsein, macht man einzelne Gruppen oder die ganze Bevölkerung unterwürfig und folgsam.

»

Ersichtlich wurde bereits, welche Macht Propaganda gewinnen konnte, sofern sie dem Individuum Gewissheit, Sicherheit, Gerechtigkeit verschafft. Doch sie lässt wiederum auch Schuldgefühle entstehen. Das ist sogar ihr mächtigstes Handlungsinstrument gegenüber einer gegnerischen Gruppe. Man muss dahin kommen, dass der Feind das Vertrauen in die Rechtmäßigkeit der eigenen Sache, des Vaterlands, seiner Armee, seiner Gruppe verliert. Der Mensch, der sich schuldig fühlt, verliert damit einhergehend an Effizienz und Kampfeslust. Ihn davon zu überzeugen, dass, wenn schon nicht er selbst, so doch zumindest jene, die auf seiner Seite stehen, unmoralische, ungerechte Taten begehen, bedeutet, die Gruppe, zu der er gehört, zu zersetzen.«

Jacques Ellul: Propaganda (1962)

76. Konditionierung

Die Konditionierung des Pawlow'schen Hundes ist ein bekanntes Experiment, und das Ganze funktioniert auch beim Menschen. Wird eine an sich positive Sache stets mit einem negativen Aspekt verknüpft, verbinden sich damit irgendwann negative Emotionen, und die Sache wird reflexartig abgelehnt. Ein Beispiel: Nehmen wir die Liebe zur Heimat und belegen sie im Rahmen der Propaganda ständig mit abwertenden Begriffen wie »Hass«, »rechts« oder gar »Nazi«: Ab einem bestimmten Punkt werden die Menschen beginnen, Traditionen abzulehnen und die eigene Herkunft zu hassen.

77. Kunstgriffe eristischer Dialektik

Ein Manuskript aus Arthur Schopenhauers Nachlass ist betitelt mit »Eristische Dialektik. Die Kunst, recht zu behalten«. Dort werden 38 rhetorische Strategeme aufgeführt, mit denen man eine Diskussion zu gewinnen vermag, ohne sachliche Argumente verwenden zu müssen.[65]

Um in einem politischen Disput zu bestehen, könne man beispielsweise folgende »Kunstgriffe« anwenden:

Das *»Strohmannargument«* ist ein klassischer Schachzug, bei dem ein Argument des Gegenübers fehlinterpretiert wird, sodass es leicht angegriffen werden kann. Dass das ursprüngliche Argument dadurch nicht widerlegt ist, fällt dem Publikum in der Regel nicht auf. Als Beispiel kann angeführt werden, wenn

»*Eristische Dialektik ist die Kunst zu disputieren, und zwar so zu disputieren, dass man recht behält, also per fas et nefas*[66]*.*«

Arthur Schopenhauer: Eristische Dialektik (1830/31)

ein Kritiker US-amerikanischer Atomwaffen und Militärbasen in Deutschland als Feind der deutsch-amerikanischen Freundschaft dargestellt wird und man seinen Antiamerikanismus anprangert, statt sein eigentliches Anliegen zu behandeln. Dem Gegner wird ein Standpunkt angedichtet, der Raum für Schwarz-Weiß-Malerei, Kampfbegriffe und Emotionalisierung schafft, was die sachliche Diskussion vollends untergräbt.

Die so erzeugte Stimmung kann für ein *»Argumentum ad hominem«* genutzt werden, eine zweite Diskussionstechnik, bei der die Person angegriffen wird, mit der man debattiert, statt deren Argumente. Man stellt sie etwa als nicht vertrauenswürdig dar, als charakterschwach, geistig minderbemittelt oder böse, wodurch all ihre Diskussionsbeiträge automatisch nichtig sind. So könnte man im oben angeführten Beispiel den Begriff »Amerikahasser« verwenden, um den Gegner zu diskreditieren und seine Thesen ein für alle Mal zunichte zu machen. Wenn man also seine ganze Argumentation auf das Gegenüber konzentriert, indem man über seine Kontakte, Verstrickungen, charakterlichen Schwächen und familiären Hintergründe redet, lenkt man von etwaigen stichhaltigen Argumenten ab. Ein Argument kann sich zudem gegen den Stil oder die Quellen des Diskussionspartners richten, also gegen seine Wortwahl oder die angeführte Literatur, indem Letztere als unglaubwürdig dargestellt wird.

Auch die *»sokratische Methode«* vermag einen Gegner in Misskredit zu bringen. Dabei wird er durch geschickt gestellte Fragen in die Enge getrieben, die Antworten werden in jedem Fall gegen ihn verwendet. Durch eine Suggestivfrage etwa, welche die Antwort schon impliziert, kann man ihn in eine Zwickmühle manövrieren und als moralisch unterlegen darstellen. Man bringt ihn in eine Verhörsituation, bei der er in der passiven Rolle gehalten wird. Falls er dann doch einmal Oberwasser gewinnt, wird er harsch unterbrochen und das Thema gewechselt. Als Gegenmittel ist es oft sinnvoll, offensiv zu agieren und den Gegner seinerseits in Bedrängnis zu bringen. Auch der Hinweis auf eine verwendete Manipulationstechnik ist hilfreich. Das Publikum durchschaut Methoden wie die Suggestivfrage oder das Strohmannargument in der Regel nicht. Als Opfer dieser Methoden ist es deshalb wichtig, auf die Manipulation hinzuweisen, den Anwender zu kritisieren und die Rückkehr zum Thema zu fordern, bei dem man bessere Aussichten auf argumentative Überlegenheit hat. Sollte der Gegner nicht zur vernünftigen Diskussion zurückgeführt werden können, kann man ihn abblitzen lassen und darf nicht auf seine argumentativen Fallen eingehen. Stattdessen sollte man auf die dahinterliegende Intention hinweisen, eigene Narrative setzen und mit Höflichkeit auf seine frechen Angriffe reagieren, sodass er in den Augen des Publikums als manipulativ und penetrant erscheint. Die hier erwähnten Methoden werden auch in Zeitungsartikeln oder Fernsehbeiträgen verwendet, was noch leichter fällt, da der Getroffene nicht die Chance hat, direkt darauf zu reagieren und seinen Standpunkt darzulegen.

Bei der *»Pathologisierung«* schließlich werden die Ansichten des Gegners schlicht als krankhaft dargestellt. Die Debatte dreht sich dann nur noch um die Ursachen, Symptome und Therapiemöglichkeiten. Dadurch werden zwei Ziele auf einmal erreicht: Die Argumente des Gegners kommen nicht zum Tragen, und er wird gebrandmarkt, was ihn in eine sehr schlechte Diskussionslage bringt. Wer der Pathologisierung Glauben schenkt, hält die Person für gefährlich und ansteckend, was zur Isolation führt. Idealerweise wendet man die Pathologisierung an, wenn der Gegner sich nicht direkt dagegen wehren kann, also eher in Berichten über ihn. So lässt sich das Bild der geistigen Krankheit effizient einführen.

78. Die Spiegeltechnik

Die Spiegeltechnik besteht darin, dem Gegenüber, etwa in einer Talkshow, Dinge vorzuwerfen, die man gerade selbst tut. So kann man ihn zum Beispiel der Lüge bezichtigen, obgleich man selbst lügt. Er muss sich dann gegen die Vorwürfe verteidigen, ist abgelenkt und verwirrt und wirkt für Zuhörer unglaubwürdig, wenn er auf das Fehlverhalten seines Gegenübers hinweist. Man selbst kann derweil ungehindert weiterlügen. Es kann zu der Situation kommen, dass sich zwei Kontrahenten gegenseitig der Lüge und der Manipulation bezichtigen, was es für andere schwer macht, die wahren Zusammenhänge zu sehen, vor allem wenn jemand über Jahre hinweg eine bestimmte Sichtweise vor Augen geführt bekam, dann kann nahezu kein Argument gegen die Macht der langen Einwirkung ankommen. Will man also die Wahrheit herausfinden, muss man die Argumente beider Seiten möglichst neutral und mit ähnlichem Zeitaufwand betrachten, um zwischen ihnen abwägen zu können, was oft eine enorme Hürde darstellt.

79. Leere Behauptungen

Auch die Methode der leeren Behauptung basiert auf einer Unterstellung. Dabei wirft man dem Gegenüber eine haltlose schwerwiegende Anschuldigung an den Kopf. Wenn man dies wiederholt und mit großem Selbstbewusstsein tut und die Gegenargumente ignoriert, dann bleibt ein negatives Etikett am Gegner haften. Seine Beteuerungen wirken daraufhin mehr wie eine Rechtfertigung und verstärken noch die Wirkung der Technik. Auf diese Weise kann man aus dem Nichts eine starke Stigmatisierung anbringen, solange sie oberflächlich glaubhaft wirkt. Defensive Verhaltensweisen wie Leugnen, Entschuldigen,

Beschwichtigen und Relativieren sind bei realen und erfundenen Anschuldigungen meist erfolglos, da sie Schwäche symbolisieren und die Anklage als legitim erscheinen lassen. Das Entwaffnen durch Humor, das Hinweisen auf die Beeinflussung oder das Infragestellung der gegnerischen Integrität sind hier vorzuziehen, sodass der Angreifer unglaubwürdig wirkt und selbst als Person die Legitimität verliert.

»

Die reine, einfache Behauptung ohne Begründung und jeden Beweis ist ein sicheres Mittel, um der Massenseele eine Idee einzuflößen. Je bestimmter eine Behauptung, je freier sie von Beweisen und Belegen ist, desto mehr Ehrfurcht erweckt sie.«

Gustave Le Bon: Psychologie der Massen (1895)

80. Nutzung von Ressentiments

Ressentiments wurden von Friedrich Nietzsche als mächtige psychologische Triebfeder der Menschheitsgeschichte identifiziert.[67] Damit gemeint ist ein heimlicher Groll, der auf menschlichen Eigenschaften oder Dingen fußt, die als nicht veränderbar empfunden werden, wie zum Beispiel Armut, mangelnde Bildung, harte Arbeit, Aussehen, Alter, Krankheit, Geschlecht, Stand, Ethnie, soziale Bindung, Außenseiterstatus, Unsittlichkeit oder mangelndes soziales Talent. Der Kommunismus setzte zum Beispiel auf den Groll der armen und hart arbeitenden Schichten. Ressentiments der Bevölkerung sind sehr hilfreich, wenn die Untergrabung etablierter Strukturen erwünscht ist, was sich durch zahlreiche Revolutionen zeigt, bei denen sie hervorgehoben und gefördert wurden. Auf zwischenmenschlicher Ebene können Ressentiments ebenfalls relevant sein. Anstatt sich mit einem Mangel offen auseinanderzusetzen und konstruktiv über Besserungswege nachzudenken, reagiert die grollende Person entrüstet auf Konfrontation, projiziert ihre negativen Gefühle nach außen und versucht sie umzudeuten, nach externen Schuldigen zu suchen oder die restliche Gesellschaft auf das eigene Niveau zu bringen, sodass das eigene subjektive Defizit zur allgemeinen Norm wird.

Ein Meinungsmonopol geht in der Regel mit einer strikten Ablehnung jeglichen Widerspruchs einher, zum einen durch Abschottung, zum anderen, indem abweichende Stimmen bekämpft werden. Dafür stehen eine Reihe von Praktiken zur Verfügung, welche allesamt das verengte Meinungsspektrum zementieren:

1. die Polarisierung der Öffentlichkeit, was Diskussionen unterbindet,
2. Angriffe auf Sender und Gruppen, deren Ansichten vom Monopol abweichen,
3. das Zerstören organischer Gemeinschaften, in denen unabhängige Ideen gedeihen könnten,
4. das Schaffen einer medienfokussierten Gesellschaft, in der eine psychische Abhängigkeit von den Medien ausgebildet wird,
5. das selbstreferenzielle Stärken von Autorität und Legitimität,
6. das Begraben von klassisch-zeitloser Bildung unter einer Flut aus Aktualität,
7. das Erzeugen von Minderwertigkeitskomplexen und dem Bedürfnis nach Bevormundung,
8. das Minimieren des politischen Bewusstseins durch Ablenkung und Beschäftigung,
9. das Simulieren falscher Optionen,
10. das Verbergen unabhängiger Bedeutungskontexte,
11. das Ausgreifen in alle Lebensbereiche, um ein vollständiges Eintauchen ohne Referenzpunkte von der Wiege bis ins Grab sicherzustellen,
12. das Etablieren von Stereotypen und Reflexen, welche das kritische Hinterfragen des Zustands unmöglich machen.

Propaganda als wachsendes System kann mit einem biologischen Organismus verglichen werden, der seine Umwelt hinsichtlich seiner Existenzbedingungen umgestaltet. Dies lässt den beunruhigenden Schluss zu, dass die letzte Konsequenz eine totale, methodisch vollständige und überzeugende Immersion in das System ist. Die Betroffenen tauchen darin ein, verlieren jeden äußeren Bezugspunkt und werden unfähig zur Selbstreflexion. Propaganda wird zur zentralen Existenzfrage, da sie den rationalen Willen, der den Menschen vom Tier unterscheidet, in Bann schlägt und immer tiefer zu unterwerfen sucht. Ein Ausweg besteht nur über konsequente Aufklärung hinsichtlich der Funktionsweise, da Unwissenheit eine der Funktionsbedingungen ist.

Wie Propaganda wirkt

Nachdem die Methoden der Propaganda vorgestellt wurden, eröffnen sich nun Fragen nach ihrem Wesen. Hierfür muss zunächst ein Blick auf die Natur des menschlichen Denkens geworfen werden: Das Gehirn ist das Organ, welches die Sinneseindrücke aufnimmt, einordnet, verarbeitet und wieder an den Rest des Körpers zurückgibt. Das Bewusstsein ist der uns zugängliche Teil dieser Prozesse. Die kognitiven Grundstrukturen erschließen sich aus der Beziehung zwischen dem Gehirn und seiner Umgebung. Ein anschauliches Beispiel dazu: Ein Fluss zeigt sich als bekannte zusammenhängende Struktur, die von anderen Strukturen abgegrenzt werden kann. Jedoch ist das Wasser, aus dem der Fluss besteht, niemals dasselbe, es befindet sich vielmehr in stetigem Austausch. Seine Form wandelt sich auf kurzen Zeitskalen durch winzige Wellen- und Atombewegungen und auf langen Zeitskalen durch die Änderung seiner Bahn. Auch gibt es keine zwei gleichen Flüsse auf der Welt. Was wir als Fluss wahrnehmen, ist also nichts Festes, sondern es ist ein Muster, welches unser Gehirn wiedererkennt und in die erlernte Kategorie »Fluss« einordnet. Dieses Prinzip ist auf die gesamte Außenwelt übertragbar.

In der materiellen Welt steht nie etwas still, in Wahrheit ist immer Bewegung in allen Dingen. Auch existiert keine feste Abgrenzung zwischen einem Objekt und seiner Umgebung. Alle Grenzen sind fließend, und es findet ein stetiger Austausch statt. In Raum und Zeit gibt es nie zwei absolut gleiche Objekte. Jedes Ding verändert seine Struktur, ist untrennbar in die Wechselwirkung mit seiner Umwelt eingebettet und kann so lange in kleinere Einheiten unterteilt werden, bis es in die Wellennatur der Quanten übergeht. Dieses unvorstellbare »Chaos« wird durch unsere Sinnesorgane stark vereinfacht. Die Vereinfachung ist notwendig, da die unendliche Fülle an Information nie verarbeitet werden könnte. Das gezielte Selektieren von Inhalten bzw. das Setzen von »Wahrnehmungsfiltern« wird zum Beispiel bei den Manipulationstechniken der Auslassung, der Fragmentierung, des Framings, der Monopolisierung, der Dekontextualisierung, der Schwarz-Weiß-Malerei und der Scheindebatte ausgenutzt. Im Rahmen der Vereinnahmung werden erwünschte Themen in den Mittelpunkt gerückt, um die Aufmerksamkeit darauf zu lenken. Unerwünschte Themen werden hingegen verschwiegen oder marginalisiert.

Neben der Vereinfachung enthält jede unserer Wahrnehmungen auch immer eine Bewertung. Wir nehmen nicht wahr, um zu erkennen, sondern um zu überleben. Das Gehirn ist ein Produkt einer Milliarden Jahre andauernden biologischen Evolution. Diese hat unsere mentalen Prozesse in einer Weise geformt, dass Dinge, die unserer genetischen Ausbreitung nützlich sind – wie Nahrung, Sex, Ansehen, Schönheit, Gemeinschaftszugehörigkeit, familiäre Geborgenheit und Macht – als positiv bewertet werden, während Krankheit, Kälte, Mühsal, Schande, Hunger, Isolation und Ohnmacht automatisch als negativ gelten. Dieser instinktbasierten Einordnung ist unser gesamter Verstand unterworfen. Sie ist die unbewusste Komponente unseres Willens, während die bewusste Komponente aus den persönlichen Urteilen und erlernten Wertungen besteht. Da die Instinkte der biologischen Evolution entspringen, können sie nur schwer verändert werden. Die erlernten Wertmaßstäbe entstehen hingegen durch gesellschaftliche und psychologische Prozesse, was sie wandelbarer macht. Ein solcher Prozess ist die soziale Evolution, in deren Zuge sich Gruppen mit nützlichen Wertschätzungen durchsetzten und ausbreiteten. Aufgrund dessen galten Monogamie, Selbstlosigkeit, soziale Hierarchie oder Kampfesmut oft als Gebote, während Ehebruch, Mord, Diebstahl oder Anbetung fremder

Götzen zu Tabus oder Verboten wurden. Die unterschiedlichen Lebensbedingungen der Völker führten zur Entstehung unterschiedlicher Religionen und Sitten.[68]

Eine Möglichkeit zur Änderung der erlernten Wertschätzungen besteht durch Manipulation, welche versucht, Einfluss auf den Willen des Einzelnen und die soziale Gruppe zu nehmen. Methoden wie die Emotionalisierung, die Idolerzeugung, die Dämonisierung, das Ansprechen des Gruppendenkens oder auch die Kampfbegriffe richten sich an tief in uns eingebrannte Triebe nach Zugehörigkeit, Fürsorge, Autoritätsunterordnung oder nach Sicherheit, um unseren Willen zu lenken.

Neben Vereinfachung und Bewertung ist eine dritte Eigenart des Denkens, dass jeder Mensch seine ganz eigene Perspektive auf die Welt besitzt, da jedes Gehirn einzigartig ist. Dies bedeutet, dass jeder Mensch verstandesmäßig in seiner eigenen Welt lebt und mit anderen nur durch die Chiffre der Sprache in Kontakt treten kann, die eine wechselseitig bekannte Ansammlung von gesprochenen, geschriebenen oder anderweitigen Mustern darstellt. Sprache ruft die Erinnerung an ähnliche räumliche, zeitliche oder psychische Phänomene und deren Beziehungen wach, anstatt das Besprochene direkt zu beschreiben. So ist etwa das Wort »Baum« natürlich nicht der Baum selbst, sondern ein Muster auf dem Papier, welches in uns die Erinnerung an eine reale, individuelle Erfahrung wachruft. Die Bedeutung jeder Aussage hängt also immer vom Vorwissen des Gesprächspartners ab. Dieses speist sich aus den Erzählungen, Stereotypen und Mythen der Zeit, in der er aufwuchs. Um den eigenen Horizont zu erweitern, ist zwischenmenschlicher Austausch von besonderer Wichtigkeit. Jacques Ellul unterscheidet hierbei zwischen zwei Arten der Kommunikation: der vertikalen, bei welcher wenige zentrale Sender die Massen mit Botschaften beschallen, und der horizontalen, bei der Einzelne sich auf Augenhöhe austauschen.[69] Monopolisierung, Atomisierung, Ablenkung und moralische Polarisierung sind entscheidende Mittel zur Blockade der horizontalen Interaktion.

Da jedwede Beeinflussung auf den Grundeigenschaften des Verstandes aufbaut, können wir ihr nie vollkommen entfliehen. Bestimmte Variationen von Framing, Labeling, Agenda Setting, der Stereotypisierung, der Auslassung und der Erzeugung von Stimmung sind unvermeidlicher Bestandteil der Kommunikation: Ein Thema wird eingegrenzt, vereinfacht, mit Symbolen belegt und mit Emotionen verknüpft. Besonders wenn man eine Person oder eine Gruppe überzeugen will, muss man über diejenigen Techniken Bescheid wissen, die dies ermöglichen, da man sonst im Wettstreit der Meinungen unterliegen wird. Die Psychologie ist dabei wie ein Werkzeug zu sehen, das zum Bau einer Villa oder eines Gefängnisses genutzt werden kann.

Der positive Gegenpol zur bösartigen Manipulation ist die Erziehung, ein notwendiger Grundpfeiler der menschlichen Entwicklung. Im Unterschied zur Manipulation, welche den Einflussnehmenden bevorteilt zum Nachteil des Opfers, sollte Erziehung darauf ausgerichtet sein, die Persönlichkeit des anderen ausprägen zu helfen unter Berücksichtigung der angelegten Stärken und Schwächen, um einen selbstverantwortlichen, mutigen und klugen Menschen zu formen. Da die Vorstellungen von vorteilhaft und nachteilig jedoch flexibel auslegbar und nicht selten undurchsichtig sind, empfiehlt es sich generell, eine konstruktiv-kritische Grundhaltung einzunehmen – auch bei diesem Buch. Das bewusste Hinterfragen und Einholen verschiedenster Informationen ist für die Festigung einer Anschauung zwingend notwendig. Dazu zählt auch die Kenntnis der wesentlichen politischen wie philosophischen Konzepte.

Politische und humanistische Bildung versus Meinungsmacht

Wie können wir uns vor Indoktrination durch einseitige Berichterstattung schützen? Zunächst einmal ist es wichtig, sie überhaupt zu erkennen. Nur durch das Betrachten aus verschiedenen Blickwinkeln kann man Unterschiede erkennen und sich ein ausgewogenes Bild machen. BILD, ZEIT, FAZ, SZ, Spiegel und Stern, ARD, ZDF, RTL, Kabel Eins, NTV und Pro Sieben sowie auch Regionalzeitungen und regionale Radiosender – alle diese Medien berichten hinsichtlich mancher Inhalte ähnlich und damit einseitig. Wer sich nur aus diesen Quellen informiert, tendiert dazu, die Punkte, in denen sie übereinstimmen, als unanfechtbare Wahrheit zu betrachten. Er kommt erst gar nicht auf die Idee, andere Perspektiven einzunehmen.

Doch was sind die Gründe für die weitgehend einheitliche Berichterstattung der großen Medien in Hinblick auf Themen wie die Maidan-Revolution, den Syrienkonflikt, die venezolanische Regierung, die EU, das Finanzwesen und die Corona-, Asyl- und Klimapolitik? Drei grundlegende Faktoren sind hier ausschlaggebend: Zum einen stammt ein Großteil der Meldungen von vier großen Presseagenturen: AP, Reuters, AFP und dpa.[70] Diese erfüllen die Rolle des Torwächters, auch Gatekeeper genannt, da sie die Informationen vorselektieren, noch bevor sie zu den Zeitungen oder anderen Medien durchdringen.[71] Somit üben sie eine Deutungshoheit aus und beeinflussen die Berichterstattung auf großer Ebene.

Hinzu kommt, dass die privaten Medien Wirtschaftsbetriebe sind, also stark von ihren Eigentümern und Werbekunden abhängen, welche in der Regel kapitalistische Eigeninteressen verfolgen. Eine Meldung, die dem Profitstreben des Konzerneigners zuwiderläuft, wird nicht veröffentlicht werden. Ebenso unwahrscheinlich ist es, dass ein modernes Medienunternehmen systemkritische Inhalte in großem Stil veröffentlicht, sofern es selbst Teil des Systems ist. Die Redakteure, die für einen solchen Medienkonzern arbeiten, wissen, welche Narrative sie bedienen dürfen und bei welchen eine Kündigung droht. Dieser konformitätserzeugende Effekt wurde von Noam Chomsky und Edward S. Herman zum sogenannten »Propagandamodell« zusammengefasst und in »Manufacturing Consent« ausführlich beschrieben.[72]

Ein weiterer entscheidender Punkt ist die Vernetzung der leitenden Schicht sowohl der privaten als auch der öffentlich-rechtlichen Medien mit zahlreichen politischen Organisationen. Dies macht die sogenannten Alphajournalisten, also die tonangebenden Persönlichkeiten der deutschen Presselandschaft, abhängig von bestimmten US-amerikanischen Interessengruppen.[73] Eine ausführliche Analyse der Beziehungen zwischen Politik, Presse und den transatlantischen Organisationen beschreibt der Medienwissenschaftler Uwe Krüger in seinen Büchern »Mainstream« und »Meinungsmacht«.[74] Aufgrund all dieser Faktoren ist es dringend anzuraten, sich unabhängig von den Leitmedien zu informieren, sich also mit anderen Perspektiven auseinanderzusetzen und des eigenen Verstandes zu bedienen, wenn man ein Bild der Welt erhalten will, das über den Tellerrand hinausgeht.

Im hinteren Teil dieses Buches finden Sie eine Liste empfehlenswerter Bücher. Wirklich tiefgreifendes Wissen ist unter dem Einsatz von Zeit zu erarbeiten. Daran führt kein Weg vorbei, will man nicht zum unbewussten Erfüllungsgehilfen einer Meinungslenkung werden. Die Effektivität moderner Propaganda zeigt sich auch daran, dass sich diejenigen, die das herrschende Narrativ kritiklos zur eigenen Meinung machen, oft für besser informiert halten als diejenigen, die sich unterschiedlichster Quellen mit alternativen Sichtweisen bedienen, wie etwa Bücher, Tageszeitungen, ausländische Medien oder das Internet.

Neben der politischen Bildung ist die klassische Literatur eine zweite Säule der Inspiration für unabhängiges Denken. Die Politik bestimmt unser Leben, und ihr Verständnis ist unerlässlich, um zu einem mündigen Bürger zu werden. Doch dieses Verständnis wird immer unvollständig bleiben, wenn man sich nicht mit Ideen, Vorgängen und Ereignissen der Vergangenheit befasst. Die für uns vordergründig sichtbare Politik ist nur die Schaumkrone auf den lebendigen Tiefen der Zeit. Wer das Heute wirklich verstehen will, kann dies nur aus der Geschichte heraus. Die Welt, in der wir leben, ist ein Produkt menschlicher Taten und menschlicher Gedanken. Von den Maschinen, die uns umgeben, über die ökonomischen und politischen Systeme, die unseren Staat durchdringen, bis hin zur Moral, den Idealen und Hoffnungen in unserem Herzen. Wir leben inmitten lebendig gewordener Vorstellungen. Sie wurden erdacht, niedergeschrieben, verbreitet und in die Tat umgesetzt. Wer die Gegenwart als Produkt dieses Wachstumsprozesses verstehen will, tut gut daran, an den Wurzeln zu beginnen – bei Büchern, die über Jahrhunderte hinweg die Welt veränderten. Platons »Der Staat«, Nietzsches »Menschliches, Allzumenschliches«, Konfuzius' »Gespräche« oder Mark Aurels »Selbstbetrachtungen« sind Werke, von denen man nie bereut, sie im Rucksack zu haben. Philosophie, Geschichte, Soziologie und Ökonomie sind keine Gebiete, die einer kleinen und leider oft desinteressierten Studentenschaft vorbehalten sein sollten. Jeder kann sich mit ihnen beschäftigen, und wird für sich wachsen an der Lektüre der großen Klassiker. Sie helfen, das heutige Geschehen ins Verhältnis zu setzen und den Staat und dessen Politik richtig zu bewerten.

Da in einer Demokratie alle Macht vom Volk ausgeht, sollte die größtmögliche Bildung aller Bürger das Ziel des Staates sein. Aber leider ist unsere moderne Gesellschaft von einem Klima durchsetzt, welches die Geringschätzung humanistischer Bildung als schick erscheinen lässt. Es wird vorgezogen, sich mit zielloser Unterhaltung statt mit wichtigen Themen zu befassen. Doch die Missachtung der Bildung führt zwangsläufig in eine Position der Abhängigkeit. Fehlende Muße, Berieselung mit Nebensächlichem und ein oft lückenlos durchgetakteter Alltag verunmöglichen, über den engen Horizont von Arbeit und Konsum hinauszublicken. Der Mensch wird zum hilflosen Spielball mächtiger Akteure, welche in Harvard, Oxford und Yale sehr wohl gelernt haben, Bildung wertzuschätzen. Wissen ist Macht. Unwissenheit ist Ohnmacht und Schwäche, Lesen ein Akt der Befreiung aus der Unmündigkeit, der Apathie und Orientierungslosigkeit.

Die Fähigkeit, eigenständig nach wichtiger Literatur zu suchen und sich einen Grundstock an Wissen zu erarbeiten, sollte ein Leben lang bewusst geübt werden. Dazu gehören auch das gezielte Recherchieren und Prüfen von Quellen. Es gilt, eine echte Medienkompetenz zu erwerben, sodass wahrhaftige Nachrichten von Propaganda oder auch investigativer von Gesinnungsjournalismus unterschieden werden kann, statt auf triviale Weise vorgekaut zu bekommen, wer oder was das Gute und das Böse ist, ohne dies innerlich nachvollziehen zu können. Eine Bewertung sollte nicht vor der Analyse erfolgen. Schulen und Hochschulen helfen hierbei kaum. Ihre Hauptaufgabe besteht eher in der Erzeugung nützlicher Arbeiter statt gebildeter Menschen. Die eigentliche Bildung beginnt also nach und neben der Schule.

Heute steht uns ein nahezu unbegrenztes Maß an Information zur Verfügung, doch leider nutzt die große Masse der Bevölkerung dies kaum, um ein erweitertes Verständnis der Welt zu erlangen, sondern zur Zerstreuung und zum Zeitvertreib. Hierüber muss sich der verantwortungsbewusste Bürger durch umfassende Bildung und politisches Handeln erheben. Der im Anhang befindliche Bücherkanon zeigt einige der wichtigsten Werke der Menschheitsgeschichte auf, die für jeden Leser eine Horizonterweiterung und eine geistige Bereicherung sein werden.

Der Imperialismus

Ein Thema, welches noch angesprochen werden muss, da hier der Schlüssel zum Verständnis vieler zentraler Zusammenhänge liegt, ist der Imperialismus. Ein Imperium ist das Land, welches größte Militärmacht und eine sehr starke Wirtschaft besitzt, wodurch es militärischen, ökonomischen sowie kulturellen Einfluss weit über die eigenen Landesgrenzen hinaus ausübt. In der Antike war Rom ein Imperium, im 19. Jahrhundert das britische Empire, und heute sind es die USA. Deren Militärausgaben sind mit 801 Milliarden US-Dollar im Jahr 2021 die größten weltweit, größer als die der neun darauf folgenden Staaten China, Indien, das Vereinigte Königreich, Russland, Frankreich, Deutschland, Saudi-Arabien, Japan und Südkorea zusammen.[75] Allein für ihre 17 Geheimdienste gaben die USA mit 60 Milliarden US-Dollar im Jahr 2019 fast so viel aus wie Russland für sein gesamtes Militär (65 Milliarden US-Dollar).[76] Auch an der Anzahl der Flugzeugträger lässt sich die imperiale Stellung erkennen: Es gibt weltweit 19 Flugzeugträger – zehn davon besitzen die USA, China besitzt zwei und Russland einen.[77] Die Vereinigten Staaten betreiben weltweit 761 Militärbasen in fremden Ländern.[78]

Die hegemoniale Stellung ermöglicht es, einen starken Einfluss auf andere Länder auszuüben. Dies gilt besonders für Deutschland, wo im Jahr 2021 noch über 34 000 US-Soldaten stationiert waren.[79] Die Zentren für US-Militäroperationen in Afrika und Europa AFRICOM und EUCOM befinden sich beide in Stuttgart und das Hauptquartier der US-Luftwaffe in Europa in Ramstein. Am Fliegerhorst in Büchel sind heute noch US-amerikanische Atomwaffen stationiert.[80] Mit über 30 US-Militärstandorten und der stärksten Wirtschaft Europas ist

Deutschland für die USA von außerordentlicher Bedeutung. Es wäre naiv anzunehmen, dass die Vereinigten Staaten ihren Einfluss auf dieses zentrale Land nach der Wiedervereinigung einfach aufgegeben hätten. Die NSA-Affäre, welche uns zeigte, dass der US-Geheimdienst im großen Stil deutsche Bürger ausspionierte und sogar unsere Bundeskanzlerin abhörte, ohne dass effektive Gegenmaßnahmen oder Sanktionen eingeleitet wurden, sowie die fortdauernde militärische Präsenz der USA auf deutschem Boden beweisen das Gegenteil.

Auch in der Kultur ist der US-amerikanische Einfluss allgegenwärtig, sodass wir ihn als Normalität betrachten und gar nicht mehr sehen. Überlegen Sie: Wessen Filme sehen wir? Wessen Musik hören wir? Wessen Kleidung tragen wir? Wessen Nahrungsmittel essen wir? Wessen Wörter breiten sich in unserer Sprache aus?

In den Bereichen Presse und Politik ist die Einflussnahme zwar nicht so offensichtlich, aber nichtsdestotrotz in großem Maße vorhanden. Hier verläuft sie über zahlreiche transatlantische Einrichtungen, in welche die leitenden Persönlichkeiten im medialen und politischen Bereich eingebunden sind. Diese Vereine stellen eine Nähe zwischen der deutschen und der US-amerikanischen Führungsschicht her. Durch sie werden aufstrebende Karrieristen gefördert und in ein Netzwerk der US-nahen Führungsschicht eingebettet.

Die wichtigste transatlantische Gesellschaft ist die Atlantik-Brücke, mit der circa 500 hochrangige Persönlichkeiten aus Presse, Politik und Wirtschaft näher assoziiert sind. Zu den aktuellen und ehemaligen Mitgliedern der Atlantik-Brücke zählen zum Beispiel: Angela Merkel (CDU), Friedrich Merz (CDU), Norbert Röttgen (CDU), Joachim Gauck, Sigmar Gabriel (SPD), Christian Lindner (FDP), Philip Rösler (FDP), Katrin Göring-Eckardt (Grüne), Claus Kleber (ZDF), Stefan Kornelius (Süddeutsche Zeitung), Jörg Schönenborn (ARD), Tina Hassel (ARD), Kai Diekmann

(Bildzeitung), Jan Fleischhauer (Der Spiegel), Josef Joffe (ZEIT), Andreas Raymond Dombret (Deutsche Bundesbank) und Sonja Lahnstein-Kandel (IWF, Weltbank, Bertelsmann). Im Young-Leaders-Programm der Atlantik-Brücke wurden unter anderem folgende Personen gefördert: Karl-Theodor Freiherr zu Guttenberg (CSU), Thomas de Maizière (CDU), Jens Spahn (CDU), Christian Wulff (CDU), Thomas Oppermann (SPD), Cem Özdemir (Grüne) und Mathias Döpfner (Axel Springer).

Man kann sich vorstellen, dass dieser elitäre Club besonders Personen fördert, die eine proamerikanische Richtung vertreten. Neben der Atlantik-Brücke gibt es noch zahlreiche weitere derartige Denkfabriken und Politlobby-Organisationen, etwa das Aspen Institute, das American Council on Germany, die Atlantische Initiative, die Deutsche Atlantische Gesellschaft, die Deutsche Gesellschaft für Auswärtige Politik, das European Council on Foreign Relations, den German Marshall Fund of the United States, die Trilaterale Kommission und das Woodrow Wilson Center. Dort findet sich das Who is Who der deutschen Politik und Medienlandschaft in proamerikanischem Rahmen zusammen und diskutiert über die Zukunft Deutschlands. Diese Zusammenhänge können hier nur stichpunktartig behandelt werden. Für ein weitergehendes Verständnis sollten unbedingt zusätzliche Bücher herangezogen werden, wie sie im Anhang aufgeführt sind, so etwa von Rainer Mausfeld, Michael Lüders, Hermann Ploppa, Friederike Beck, Wolfgang Bittner, Wolfgang Effenberger und Uwe Krüger.

Neben diesen Stimmen findet auch der langjährige US-Präsidentenberater Zbigniew Brzeziński in »Die einzige Weltmacht« klare Worte. Er betont *»die massive … amerikanische Dominanz über die Kommunikation, die Unterhaltungsindustrie und die Massenkultur«*, die *»eine magnetische Wirkung … besonders auf die weltweite Jugend«* ausübe.[81] Durch die Nachahmung amerikanischen Verhaltens würden die *»Rahmenbedingungen für* *die Ausübung der indirekten und scheinbar einvernehmlichen amerikanischen Hegemonie geschaffen«*, wobei *»Asymmetrien der Macht und des Einflusses«* verschleiert würden.[82] Europa, so Brzeziński, sei *»Amerikas essentieller geostrategischer Brückenkopf auf dem eurasischen Kontinent. ... Die brutale Wahrheit ist, dass Westeuropa und in zunehmendem Maße auch Zentraleuropa ein amerikanisches Protektorat bleiben, bei dem die alliierten Staaten den antiken Vasallen und Tributpflichtigen gleichen.«*[83]

Das politische Handeln

Das Konzept der Demokratie hat zwei Schwachstellen, auf die bereits Edward Bernays und Walter Lippmann vor über 90 Jahren hinwiesen: Wenn sich die Bürger allein zwischen Kandidaten entscheiden können, die allesamt mittels undemokratischer Mechanismen vorselektiert wurden, ist jede Wahl letztlich irrelevant.[84] Die zweite Schwachstelle besteht darin, dass Wahlen infolge massenmedialer Beeinflussung nur jene Meinungen widerspiegeln, die zuvor künstlich in der Bevölkerung erzeugt wurden.[85] Die Presse ist dann nicht mehr als vierte, sondern als erste Gewalt zu betrachten, da sie die Regierung erzeugt, statt sie zu kontrollieren.

Wer ein Gespür für die Empfindlichkeit von Meinungsbildungsprozessen besitzt und demokratiegefährdenden Tendenzen in seinem Land etwas entgegensetzen möchte, der muss selbst aktiv werden. Eine »atomisierte« Einzelperson wird im Hinblick auf gesellschaftliche Veränderungsprozesse kaum etwas bewirken können. Deswegen wäre koordiniertes Handeln sinnvoll. Entscheidende Hürden bei der Öffentlichkeitsarbeit sind das Fehlen von Kanälen, mit denen man eine Masse tatsächlich erreicht, und die kognitive Dissonanz, welche für eine Blockade in den Köpfen sorgt. Diese Effekte

» *Die bewusste und intelligente Manipulation der organisierten Gewohnheiten und Meinungen der Massen ist ein wichtiges Element in der demokratischen Gesellschaft. Diejenigen, die diesen unsichtbaren Mechanismus der Gesellschaft manipulieren, bilden eine unsichtbare Regierung, die die wahre herrschende Macht unseres Landes ist.«*

Edward Bernays: Propaganda (1928; vollständiges Zitat im Anhang)

können große Bevölkerungsteile von aufklärerischen Inhalten abschirmen. Zur Überwindung von Informationsblasen ist eine Kampagnenfähigkeit vonnöten, während die kognitive Dissonanz durch das Schaffen einer moralischen Überlegenheit gemindert werden kann.

Eine Kampagne fokussiert sich möglichst auf eine prägnante Information, die mit der konzentrierten Reichweite vieler Akteure mit möglichst hoher Autorität gleichzeitig und wiederholt beworben wird. Durch eine organisierte Verbreitung kann die Botschaft schwerer ignoriert werden und stößt Diskussionen an. Die Koordination ist hier entscheidend, weshalb Kommunikationslinien zwischen politischen Gruppen sehr wichtig sind. Gute Bündnisse können den Mangel an eigener Kraft kompensieren und Kampagnen auf großer Ebene erlauben, die für vereinzelte Akteure unmöglich wären. Wenn dieselbe Botschaft dann wiederholt durch scheinbar unabhängige Gruppen verbreitet wird, dann dringt sie in die Köpfe ein, kann ein Umdenken bewirken und zum Handeln motivieren. Diesen Prozess machen sich Meinungsmonopole im Rahmen der grauen Propaganda zunutze. Sie schaffen informelle Netzwerke scheinbar unabhängiger Institutionen und versuchen gleichzeitig, die Opposition in viele kleine Einheiten aufzuspalten, die für sich genommen keine großen Kampagnen durchführen können und von der Bevölkerung als extreme Randgruppen wahrgenommen werden.

Das Ziel einer Aufklärungsbewegung sollte es also in jedem Fall sein, eine direkte Verbindung zur Bevölkerung herzustellen. Da sie in der Regel keine reichweitenstarken Fernseh- und Radiosender zur Verfügung hat und sich im Internet Blasenstrukturen bilden können, sind geschickte, aufsehenerregende Aktionen und vielfach verbreitete Druckerzeugnisse die Mittel der Wahl, um die Masse zu erreichen. Auch das Umwerten und Prägen von Begriffen und Symbolen ist zentraler Bestandteil der Aufklärungsarbeit, denn durch ein Symbol, welches die Ablehnung der Manipulation öffentlich sichtbar macht, ist die Schweigespirale im Alltag effizient zu durchbrechen. Der Fokus einer Kampagne sollte sich auf die Methoden der Meinungslenkung richten, denn nur wer diese kennt, kann sie in seiner Umgebung durchschauen und einer Vereinnahmung widerstehen. Aufklärung erzielt somit einen dauerhaften Effekt. Statt gegen die Windmühlen der Meinungserzeugung anzukämpfen, setzt man deren Mechanismus außer Kraft. Dieses Handbuch sollte also möglichst breit gestreut werden, um das kritische Bewusstsein zu stärken, welches unerlässlich für den demokratischen Meinungsbildungsprozess ist.

Für eine Kampagne, sei es nun eine Propaganda- oder Aufklärungskampagne, ist auch die moralische Rechtfertigung ein entscheidender Faktor. Nur wer vor sich selbst und der Öffentlichkeit als rechtschaffen dasteht, hat eine Chance auf Erfolg. Das Ziel der Propaganda ist zuvorderst der Aufbau einer Schwarz-Weiß-Dialektik, wodurch die Opposition als böse und die Propagandisten als gut dastehen.

Der argumentative Boden einer solchen Dialektik sollte bei der Aufklärung nicht betreten werden. Die Dämonisierung kann ausgehebelt werden, indem ihr manipulativer Charakter ans Licht gebracht wird. Der Gegensatz Gut-Böse sollte durch den Gegensatz Aufgeklärt-Manipuliert ersetzt werden, nur so gewinnt man moralische Überlegenheit.

Das Ersetzen alter Assoziationsketten durch neue ist entscheidend für die geistige Emanzipation, was jedoch nur durch eine koordinierte Aufklärung erreicht werden kann. Die Wahrheit und der Idealismus sind die Trümpfe monopolkritischer Gruppen. In der Ablehnung von Manipulation und in der Forderung nach einer freien Diskussion sind sie vereint, was als Grundlage für Kampagnen dienen kann. Die wahre Opposition bilden dann nicht die Parteien, welche gerade nicht regieren, sondern Menschen, welche dem medialen Meinungserzeugungsapparat kritisch gegenüberstehen.

Diese Gruppe zu organisierten Handlungen zu bewegen, ist die eigentliche Aufgabe der Oppositionspolitik. Zur Bewältigung einer solchen Herausforderung gibt es ein Schema der Entscheidungsfindung, welches sich OODA-Schleife nennt. Das Akronym OODA steht für die englischen Begriffe Observation, Orientation, Decision und Action, also Beobachtung, Orientierung, Entscheidung und Handlung.[86] Wenn zwei Gruppen sich im politischen Wettstreit gegenüberstehen, wird diejenige gewinnen, welche den Prozess schneller und präziser durchläuft und dabei die Schleife des anderen gleichzeitig effizient stört, sein Bild der Lage verwirrt und seine Handlungen verhindert. Das Verharren in der Beobachtung, ohne daraus Handlungen zu entwickeln, führt zur Niederlage. Der Aufbau eines korrekten und allgemein akzeptierten Lagebildes ist elementare Grundvoraussetzung jedes politischen Wirkens. Dies ist aber nur auf eine geeinte Weise wirklich durchführbar, denn wenn Dutzende Gruppen unkoordiniert an der Aufklärung arbeiten, entsteht weder eine ernstzunehmende Handlungsfähigkeit – Kräfte hebeln sich unter Umständen sogar gegenseitig aus – noch ein präzises Lagebild. Dies zwingt sie in eine passive Position, in der sie immer nur auf vorgegebene Themen und Ereignisse reagieren, anstatt proaktiv selbst Themen zu setzen. Die Entstehung einer lagerübergreifenden Koordination wäre also ein entscheidender Fortschritt.

Mut, Klugheit, Zusammenhalt

Heute ist Zeitvertreib für die Masse zur Normalität geworden. Viele leben nur, indem sie die eine Hälfte ihrer Zeit für Arbeit aufwenden, deren Inhalt ihnen nichts bedeutet, um Geld zu verdienen, das sie für Zeitvertreib ausgeben: für Vergnügungsreisen, das Konsumieren endloser Unterhaltungssendungen und den Erwerb von Statussymbolen, die Leute beeindrucken sollen, die man gar nicht wirklich kennt oder vielleicht noch nicht einmal schätzt.

Ein Grundsatz, der sowohl für Einzelpersonen als auch für Gruppen gilt, ist aber, dass jeder Moment im Leben einen unermesslichen Wert bekommt, wenn man sich für eine gute Sache einsetzt. Wer kein Ziel im Leben hat, der lebt nur zum Spaß. Wie er seine Zeit letztlich verbringt, ist gleichgültig. Das Gegenteil ist der Fall, wenn man für eine bessere Zukunft lebt. Die Welt ist voller Herausforderungen und neben dem politischen Handeln ist auch die Arbeit am eigenen Charakter etwas, das jeden Moment des Lebens sinnvoll ausfüllt. Das Wirken nach außen wird umso erfolgreicher sein, je gewissenhafter die Persönlichkeitsentwicklung voranschreitet. Mut, Klugheit und Zusammenhalt sind die drei Eigenschaften, die zum Erfolg führen, wenn sie das Wesen von Personen und Gruppen durchdringen.

Eine von Feigheit, Misstrauen und Ignoranz beherrschte Bevölkerung ist nicht fähig, substanzielle Änderungen in der Gesellschaft herbeizuführen. Nur wer seinen Körper und seinen Geist bewusst durch Anstrengung und Verzicht abhärtet, der erkennt, dass die Bequemlichkeit des modernen Menschen abhängig und träge macht. Charakterbildende Sportarten wie zum Beispiel Ringen oder Judo bringen Körperbewusstsein zurück und erlauben es, unter kontrollierten Umständen einer Gefahr ins Auge zu sehen und dieser entgegenzutreten. Körper und Geist sind Teile desselben Organismus. Wer den einen vernachlässigt, muss sich nicht wundern, wenn auch der andere in Mitleidenschaft gezogen wird.

Bei jeder Form der Anstrengung ist es wichtig, mit dem Prinzip der Gewohnheit zu arbeiten. Was auf den ersten Blick schwer erscheint, wird leicht, wenn man sich daran gewöhnt hat. Das eigene Handeln Stück für Stück in eine fruchtbare Richtung zu lenken ist eine Aufgabe, die das eigene Leben kostbar und interessant werden lässt. Das Nachdenken über die eigenen Laster und Tugenden und darüber, wie man Erstere ablegen und Letztere fördern kann, ist das Gegenteil der Zerstreuung, bei der äußere Eindrücke die eigenen Gedanken ersetzen. Man kann sein Leben mit einem Garten vergleichen, in dem die schönsten Pflanzen wachsen, wenn man sie pflegt, aber in dem auch Unkraut alles überwuchert, wenn man nachlässig ist. Der Mut zur Konfrontation mit anderen und mit sich selbst ist eine der wichtigsten Tugenden. Mut alleine jedoch ist ziellos, wenn die Klugheit fehlt, die das Handeln in die richtigen Bahnen lenkt.

Wer sich bewusst in Situationen bringt, die den Charakter und den Intellekt stärken, der lernt, dass man sein Schicksal selbst in der Hand hat. Als Richtungsweiser kann klassische Literatur dienen. In Büchern sind die Erfahrungen der klügsten Menschen festgehalten. Francesco Petrarca etwa schlägt in »Über das Leben in Abgeschiedenheit« vor, man solle sich stets vorstellen, eine weise Person der Vergangenheit stünde neben einem und würde jede Entscheidung beurteilen. Wirkliche Bildung ist erst dann erreicht, wenn man die einflussreichen Menschen der Vergangenheit und ihre Ideen kennt. Da ein Selbststudium viel Zeit in Anspruch nimmt, kann man das Sammeln des Wissens auch gemeinsam angehen. Eine Lesegruppe mit Freunden macht das Durcharbeiten vieler Bücher leichter und stärkt die Zusammengehörigkeit. Indem man die Lektüre zu einem Thema aufteilt und sie dann gegenseitig vorstellt, werden zudem die rhetorischen Fähigkeiten verbessert. Die Kunst, gut zu reden, war schon im alten Athen eine der wichtigsten Voraussetzungen politischen Wirkens. Wenn man bei regelmäßigen Treffen über Probleme diskutiert, welche die Menschheit schon seit Jahrtausenden beschäftigen, lässt dies den betäubenden Lärm der Tagespolitik verstummen. Wer sich mit Menschen umgibt, mit denen man gut reden kann, der bringt viel geistige Bereicherung in sein Leben.

Zusammenhalt ist die dritte Grundlage für gestaltendes Wirken. Er fußt auf gemeinsamen Zielen und einer gemeinsamen Kultur. Die Kultur vieler Staaten hat sich heute jedoch in einen hyperindividuellen Amerikanismus verwandelt. Den Bewohnern vieler Länder wurde über Jahrzehnte hinweg eingeredet, dass es normal sei, amerikanische Kleidung zu tragen, amerikanische Nahrung zu essen, amerikanische Musik zu hören, amerikanische Filme anzusehen und amerikanische Feste zu feiern. Aus einer solchen konsumorientierten, geistlosen Kultur kann nie wahres Zusammengehörigkeitsgefühl erwachsen. Der moderne Mensch ist in eine Kulturindustrie eingebettet, derer er sich bewusst werden muss, um einen Weg zur mentalen Befreiung zu finden.

Danksagung

Ich möchte an dieser Stelle Herrn Dr. Wolfgang Bittner meinen tiefsten Dank aussprechen. Ohne ihn wäre die Veröffentlichung dieses Buches nicht möglich gewesen. Sein freundlicher Rat, sein Interesse am Thema und seine Empfehlung an den zeitgeist Verlag sind dafür verantwortlich, dass dieses Buch in der vorliegenden Form erscheinen konnte.

Wichtige Persönlichkeiten, die sich mit Methoden zum Machterhalt auseinandersetzten

Aristoteles

384–322 v. Chr.

Der griechische Universalgelehrte Aristoteles, einer der bedeutendsten Philosophen Europas, verfasste u. a. Werke zur Politik, zur Logik, Ethik und Rhetorik. In seiner Abhandlung »Politik« widmete er sich den Voraussetzungen einer tyrannischen Herrschaft, wobei er auch das Gebiet der Propaganda und der Bevölkerungskontrolle streifte - siehe Zitat im Anhang. Weitere Werke (Auswahl): »Nikomachische Ethik«, »Rhetorik«, »Poetik«, »Metaphysik«, »Kategorien«

Niccoló Machiavelli

1469–1527

Mit seinem Werk »Der Fürst« (1513) wurde Niccoló Machiavelli zu einem der bedeutendsten Staatsphilosophen der Neuzeit. Er beschrieb darin, wie ein Herrscher Macht erlangen, seine Macht festigen und verteidigen kann. Neben seiner Arbeit als Philosoph war der Italiener als Diplomat, Schriftsteller und Dichter tätig. Weiteres Werk: »Discorsi - Staat und Politik« (1531)

Arthur Schopenhauer

1788–1860

Arthur Schopenhauer war ein deutscher Philosoph, dessen Lehre gleichermaßen Erkenntnistheorie, Metaphysik, Ästhetik und Ethik umfasst. Im Entwurf »Eristische Dialektik« (ca. 1830, Erstveröffentlichung 1864) beschrieb er rhetorische Techniken, die den Erfolg im Streitgespräch sicherstellen sollen, was klar den hohen Stellenwert der Form und Präsentation einer Nachricht gegenüber ihrem Inhalt aufzeigt.

Weitere Werke: »Die Welt als Wille und Vorstellung« (1859), »Die beiden Grundprobleme der Ethik: Ueber die Freiheit des menschlichen Willens. Ueber das Fundament der Moral« (1841)

Gustave Le Bon

1841–1931

Der französische Psychologe Le Bon war der Begründer der Massenpsychologie, einer Sparte der Sozialpsychologie. In seinem Hauptwerk »Psychologie der Massen« (1895) widmete er sich dem Verhalten von Menschen in sozialen Gruppen und zeigte die Unterschiede zum Verhalten des Individuums auf. Le Bons Theorie wurde von zahlreichen großen Propagandisten aufgegriffen.

Weiteres Werk: »Psychologie des Sozialismus« (1898)

Arthur Ponsonby

1871–1946

Arthur Ponsonby war britischer Staatsbeamter, Politiker und Schriftsteller. In seinem Buch »Lüge in Kriegszeiten« (1928) beschrieb und untersuchte er Methoden der Kriegspropaganda der Kriegsbeteiligten im Ersten Weltkrieg.

Walter Lippmann

1889–1974

Walter Lippmann gilt in den USA als einer der einflussreichsten Schriftsteller des 20. Jahrhunderts. Als Diplomat beriet er im Ersten Weltkrieg US-Präsident Woodrow Wilson und vermittelte zwischen verschiedenen Staaten. Die Begriffe »Kalter Krieg«, »Umerziehung« und »Gatekeeper« gehen auf ihn zurück. In seinem Werk »Die öffentliche Meinung« (1922) wies er neue Wege in der Stereotypenforschung auf.
Fortsetzung von »Die öffentliche Meinung«: »Die imaginäre Öffentlichkeit« (1925)

Edward Bernays

1891–1995

Bernays war der Neffe Sigmund Freuds und etablierte die Psychoanalyse in den USA. Der Journalist und Experte für öffentliche Meinung war Begründer der Theorie der Propaganda und führte den Begriff »Public Rela-

tions« ein. Er unterstützte erfolgreich viele Unternehmen und Verbände, unter anderem in der Tabakindustrie, dem Verlagswesen und der Medizin.
Werke: »Crystallizing Public Opinion« (1923), »Propaganda« (1928)

Harold D. Lasswell

1902–1978

Der US-amerikanische Politikwissenschaftler und Kommunikationstheoretiker Harold Dwight Lasswell veröffentlichte Analysen zur Kommunikation sowie zur Propaganda. Von ihm stammt die sogenannte Lasswell-Formel, die das grundlegende Modell der Massenkommunikation beschreibt: Wer sagt was in welchem Kanal zu wem mit welchem Einfluss?
Werke: »Propaganda Techniques in the World War« (1927), »Politics: Who Gets What, When, How« (1936)

George Orwell

1903–1950

George Orwell, ursprünglich britischer Kolonialpolizist, verfasste die Klassiker »Farm der Tiere« (1945) und »1984« (1949). In Letzterem wird ein totalitärer Überwachungsstaat beschrieben, der das Denken seiner Bürger unbemerkt bis ins kleinste Detail steuert.

Jacques Ellul

1912–1994

Der französische Philosoph, Religionswissenschaftler und Soziologe Jacques Ellul betrachtet Propaganda als notwendige Komponente moderner Gesellschaften, die sich abhängig von deren Ideologie in unterschiedlichen Formen manifestiert, aber unabhängig vom politischen System auf gleichen Grundlagen aufbaut.

Werk: »Propaganda« (1962)

Gene Sharp

1928–2018

Gene Sharp war ein US-amerikanischer Politikwissenschaftler und Gründer der Albert Einstein Institution, die sich mit Studien zur Verbreitung von gewaltfreien Aktionen beschäftigt. Als Methoden der gewaltfreien Aktion nannte er Protest/Überzeugung, soziale sowie politische Nichtzusammenarbeit, wirtschaftliche Boykottaktionen, Streikaktionen und gewaltfreie Intervention.

Werke: »Von der Diktatur zur Demokratie« (1993), »The Politics of Nonviolent Action« (1973)

Noam Chomsky

geb. 1928

Noam Chomsky ist einer der bekanntesten Linguisten der Gegenwart. Als Kapitalismus- und Globalisierungskritiker wurde er weltweit berühmt, auch weil er die US-amerikanische Außen- und Wirtschaftspolitik immer wieder scharf angriff. Zusammen mit Edward S. Herman entwickelte er ein Propagandamodell.

Werke: »Manufacturing Consent« (1988), »Media Control« (2005)

Rainer Mausfeld

geb. 1949

Rainer Mausfeld ist emeritierter Professor für Allgemeine Psychologie an der Universität Kiel. Seine Schwerpunkte liegen u. a. auf Wahrnehmungspsychologie und Kognitionswissenschaft. Große Bekanntheit erlangte er durch sein Buch »Warum schweigen die Lämmer?« (2015), in dem er auch beschreibt, wie die Begriffe »Freiheit« und »Demokratie« in der Moderne verfälscht wurden.

Weitere Werke: »Angst und Macht« (2019), »Tamtam und Tabu: Meinungsmanipulation von der Wendezeit bis zur Zeitenwende« (2022)

Srdja Popović

geb. 1973

Der Serbe Srdja Popović war in den späten 90er-Jahren in der Widerstandsbewegung gegen den jugoslawischen Präsidenten Slobodan Milošević aktiv. Die von ihm mit gegründeten Organisationen Otpor! und CANVAS unterstützten und berieten weltweit oppositionelle Gruppen im Rahmen von Regimewechseln. In seinem Buch »Protest!« (2015) fasst er seine Erfahrungen und die von ihm erprobten Strategien und Taktiken zusammen und äußert sich auch zum Thema Beeinflussung der öffentlichen Meinung.

Uwe Krüger

geb. 1978

Uwe Krüger ist ein deutscher Medienwissenschaftler an der Universität Leipzig. Seine Dissertation zur Elitenorientierung der Leitmedien erschien 2013 als Buch unter dem Titel »Meinungsmacht«. In »Mainstream« (2016) untersucht er die Ursachen für den allgemeinen Vertrauensverlust der Bevölkerung gegenüber den Medien.

Buchempfehlungen

Politische Bildung

Medien und Beeinflussung

Uwe Krüger: Mainstream
Michael Esders: Sprachregime
Rainer Mausfeld: Warum schweigen die Lämmer?
Albrecht Müller: Glaube wenig, hinterfrage alles, denke selbst
Udo Ulfkotte: Gekaufte Journalisten
Caspar von Schrenck-Notzing: Charakterwäsche
Michel Onfray: Theorie der Diktatur

Imperialismus

Michael Lüders: Die scheinheilige Supermacht
Friederike Beck: Das Guttenberg-Dossier
Wolfgang Effenberger: Geo-Imperialismus

Migration

Thilo Sarrazin: Deutschland schafft sich ab
Udo Ulfkotte: Asyl-Industrie
Paul Gottfried: Multikulturalismus und die Politik der Schuld

Herrschaftsstrukturen

Hermann Ploppa: Die Macher hinter den Kulissen
Edward Snowden: Permanent Record
Paul Schreyer: Wer regiert das Geld?

Humanistische Bildung

Philosophie

Friedrich Nietzsche: Jenseits von Gut und Böse und Zur Genealogie der Moral
David Hume: Eine Untersuchung über den menschlichen Verstand
Aristoteles: Die Nikomachische Ethik

Tugendlehre

Seneca: Von der Kürze des Lebens
Tsunetomo Yamamoto: Hagakure
Arthur Schopenhauer: Aphorismen zur Lebensweisheit

Staatstheorie

Platon: Der Staat
Aristoteles: Politik
Niccolò Machiavelli: Der Fürst

Dichtung

Ovid: Metamorphosen (Johann-Heinrich-Voß-Übersetzung)
Goethe: Gedichte
Lukrez: De rerum natura (Karl-Büchner-Übersetzung)

Massenpsychologie

Jacques Ellul: Propaganda
Gustave Le Bon: Die Psychologie der Massen
Edward Bernays: Propaganda

Geschichte

Johannes Scherr: Germania
Theodor Mommsen: Römische Geschichte
Thukydides: Der Peloponnesische Krieg

Strategie

Gene Sharp: Von der Diktatur zur Demokratie
Carl von Clausewitz: Vom Kriege
Die 36 Strategeme des antiken China

Soziologie

Ferdinand Tönnies: Gemeinschaft und Gesellschaft
Gaetano Mosca: Die Politische Klasse
Werner Sombart: Luxus und Kapitalismus

Religion

Die Bibel, die Edda (Felix-Genzmer-Übersetzung), der Koran, der Talmud (Lazarus-Goldschmidt-Übersetzung), das Tao Te Ching (Richard-Wilhelm-Übersetzung), die Veden

Quellenverzeichnis

Bücher zum Themenbereich Propaganda und Massenpsychologie

Adorno, Theodor W./Frenkel-Brunswik, Else/Levinson, Daniel J./Sanford, R. Nevitt: Studien zum autoritären Charakter. Wiesbaden 2016

Agee, Philip: CIA intern. Tagebuch 1956–1974. Hamburg 1981

Alinsky, Saul D.: Rules for Radicals. A Pragmatic Primer for Realistic Radicals. New York 1989

Althusser, Louis: Ideologie und ideologische Staatsapparate. Aufsätze zur marxistischen Theorie. Hamburg 1977

Arendt, Hannah: Elemente und Ursprünge totaler Herrschaft. Frankfurt a. M. 1958

Asch, Solomon E.: Effects of group pressure upon the modification and distortion of judgments. In: Groups, leadership, and men, Bd. 58 (1951), S. 177-190

Bernays, Edward: Crystallizing Public Opinion. New York 1923

Bernays, Edward: Propaganda. New York 2005

Bousquet, François: Mut oder wie man einen Kulturkampf inszeniert. Schnellroda 2022

Bradbury, Ray: Fahrenheit 451. München 2018

Braiker, Harriet: Who's Pulling Your Strings? How to Break the Cycle of Manipulation and Regain Control of Your Life. New York 2004

Braun, Roman: Die Macht der Rhetorik. Besser reden – mehr erreichen. München 2022

Bruder-Bezzel, Almuth/Bruder, Klaus-Jürgen: Macht. Wie die Meinung der Herrschenden zur herrschenden Meinung wird. Frankfurt a. M. 2021

Canetti, Elias: Masse und Macht. Frankfurt a. M. 2021

Carey, Alex: Taking the risk out of democracy: Corporate propaganda versus freedom and liberty. Urbana/Illinois 1997

Chomsky, Noam/Herman, Edward S.: Manufacturing Consent. The Political Economy of the Mass Media. New York 1988

Chomsky, Noam: Media Control. Hamburg 2003

Chomsky, Noam: The Common Good. Tucson/Arizona 2002

Cialdini, Robert B.: Die Psychologie des Überzeugens. Wie Sie sich selbst und Ihren Mitmenschen auf die Schliche kommen. Bern 2021

Desmet, Mattias: Die Psychologie des Totalitarimus. München 2023

Dewey, John: Die Öffentlichkeit und ihre Probleme. Darmstadt 1996

Ellul, Jacques: Propaganda. Wie die öffentliche Meinung entsteht und geformt wird. Frankfurt a. M. 2021

Esders, Michael: Sprachregime. Die Macht der politischen Wahrheitssysteme. Lüdinghausen 2020

Foucault, Michel: Überwachen und Strafen. Die Geburt des Gefängnisses. Berlin 1993

Freud, Sigmund: Massenpsychologie und Ich-Analyse. Hamburg 2020

Gärtner, Markus: Lügenpresse. Wie uns die Massenmedien durch Fälschen, Verdrehen und Verschweigen manipulieren. Rottenburg 2015

Gottfried, Paul Edward: Multikulturalismus und die Politik der Schuld. Unterwegs zum manipulativen Staat? Graz 2004

Gramsci, Antonio: Briefe aus dem Kerker. Berlin 1956

Gramsci, Antonio: Gefängnishefte. Kritische Gesamtausgabe in 10 Bänden. Hamburg 2012

Greene, Robert: Power. Die 48 Gesetze der Macht. München 2013
Hardinghaus, Christian: Kriegspropaganda und Medienmanipulation. Was Sie wissen sollten, um sich nicht täuschen zu lassen. Berlin/München 2023
Herman, Eva: Das Medienkartell. Wie wir täglich getäuscht werden. Rottenburg 2012
Herman, Eva: Die Wahrheit und ihr Preis. Meinung, Macht und Medien. Rottenburg 2010
Huxley, Aldous: Schöne neue Welt. Hamburg 1960
Jung, Carl Gustav: Der Mensch und seine Symbole. Olten 1991
Kissler, Alexander: Die infantile Gesellschaft. Wege aus der selbstverschuldeten Unreife. Hamburg 2020
Klein, Naomi: Die Schock-Strategie. Der Aufstieg des Katastrophen-Kapitalismus. Hamburg 2021
Kleine-Hartlage, Manfred: Die Sprache der BRD. 145 Unwörter und ihre politische Bedeutung. Schnellroda 2015
Klemperer, Victor: LTI. Notizbuch eines Philologen. Berlin 1947
Klöckner, Marcus B.: Sabotierte Wirklichkeit. Oder: Wenn Journalismus zur Glaubenslehre wird. Frankfurt a. M. 2019
Kraus, Josef: 50 Jahre Umerziehung. Die 68er und ihre Hinterlassenschaften. Lüdinghausen/Berlin 2018
Krüger, Uwe/Sevignani, Sebastian (Hrsg.): Ideologie, Kritik, Öffentlichkeit. Verhandlungen des Netzwerks Kritische Kommunikationswissenschaft. Frankfurt a. M. 2020
Krüger, Uwe: Mainstream. Warum wir den Medien nicht mehr trauen. München 2016
Krüger, Uwe: Meinungsmacht. Der Einfluss von Eliten auf Leitmedien und Alpha-Journalisten – eine kritische Netzwerkanalyse. Köln 2013
Kuby, Gabriele: Propaganda: oder der Mythos der Demokratie. Bad Schussenried 2022
Kunkel, Thor: Das Wörterbuch der Lügenpresse. Rottenburg 2020

Lasswell, Harold Dwight. Propaganda Techniques in the World War. Mansfield/Connecticut 2013

Lasswell, Harold Dwight: Politics: How gets What, When, How. London 1936

Lazarsfeld, Paul Felix/Merton, Robert: Mass communication, popular taste, and organized social action. Hrsg. von Lyman Bryson. In: The Communication of Ideas. New York 1964

Le Bon, Gustave: Psychologie der Massen. Hamburg 2021

Le Bon, Gustave: Psychologie des Sozialismus. Hamburg 2019

Lerner, Daniel: Sykewar: psychological warfare against Germany, D-Day to VE-Day. New York 1949

Linebarger, Paul M. A.: Psychological Warfare. Landisville/Pennsylvania 2010

Lippmann, Walter: Die öffentliche Meinung. Wie sie entsteht und manipuliert wird. Frankfurt a. M. 2018

Lippmann, Walter: Public Opinion. New York 1922

Lippmann, Walter: The Phantom Public. New York 1925

Luhmann, Niklas: Die Realität der Massenmedien. Wiesbaden 2017

Maaz, Hans-Joachim: Das gespaltene Land. Ein Psychogramm. München 2020

Machiavelli, Niccolò: Der Fürst. Norderstedt 2019

Mäckler, Andreas (Hrsg.): Schwarzbuch Wikipedia. Mobbing, Diffamierung und Falschinformation in der Online-Enzyklopädie und was jetzt dagegen getan werden muss. Höhr-Grenzhausen 2020

Mäckler, Andreas (Hrsg.): Schwarzbuch Wikipedia 2. Das verlogene System: Propaganda, Korruption, Ausbeutung, Vandalismus und Rechtsverletzungen in der Online-Enzyklopädie. Höhr-Grenzhausen 2023

Mausfeld, Rainer: Angst und Macht. Herrschaftstechniken der Angsterzeugung in kapitalistischen Demokratien. Frankfurt a. M. 2019

Mausfeld, Rainer: Hybris und Nemesis. Wie uns die Entzivilisierung von Macht in den Abgrund führt – Einsichten aus 5000 Jahren. Frankfurt a. M. 2023

Mausfeld Rainer: Warum schweigen die Lämmer? Wie Elitendemokratie und Neoliberalismus unsere Gesellschaft und unsere Lebensgrundlagen zerstören. Frankfurt a. M. 2018

Mausfeld, Rainer/Dahn, Daniela: Tamtam und Tabu. Meinungsmanipulation von der Wendezeit bis zur Zeitenwende. Frankfurt a. M. 2022

McLuhan, Marshall: Understanding Media. The Extension of Man. Cambridge/Montana 1994

Meinhardt, Birk: Wie ich meine Zeitung verlor. Ein Jahrbuch. Berlin 2020

Meyen, Michael: Die Propaganda Matrix. Der Kampf für freie Medien entscheidet über unsere Zukunft. München 2021

Mies, Ullrich (Hrsg.): Mega-Manipulation. Ideologische Konditionierung in der Fassadendemokratie. Frankfurt a. M. 2020

Milgram, Stanley: Behavioral Study of Obedience. In: The Journal of Abnormal and Social Psychology, Bd. 67, Ausgabe 4, S. 371-378

Morelli, Anne: Die Prinzipien der Kriegspropaganda. Springe 2014

Muhm, Miryam: Die hypnotisierte Gesellschaft. Wie unser Denken von Politik, Medien und Werbung gelenkt wird. München 2021

Müller, Albrecht: Glaube wenig, hinterfrage alles, denke selbst. Wie man Manipulation durchschaut. Frankfurt a. M. 2019

Müller, Albrecht: Meinungsmache. Wie Wirtschaft, Politik und Medien uns das Denken abgewöhnen wollen. München 2010

Münzenberg, Willi: Propaganda als Waffe. Frankfurt a. M. 1972

Murray, Douglas: Wahnsinn der Massen. Wie Meinungsmache und Hysterie unsere Gesellschaft vergiften. München 2020

Noelle-Neumann, Elisabeth: Die Schweigespirale. Öffentliche Meinung – unsere soziale Haut. München 2001

Onfray, Michel: Theorie der Diktatur. Dresden 2021

Ortega y Gasset, José: Der Aufstand der Massen. Hamburg 1956

Orwell, George: 1984. Hamburg 2021

Orwell, George: Farm der Tiere. Zürich 1982

Ostrovsky, Victor/Hoy, Claire: By way of deception. The making and unmaking of a Mossad officer. New York 1990

Ponsonby, Arthur: Falsehood in War-Time. Containing an assortment of lies circulated throughout the nations during the Great War. London 1928

Popović, Srdja: Protest! Wie man den Mächtigen das Fürchten lehrt. Frankfurt a. M. 2015

Reich, Wilhelm: Die Massenpsychologie des Faschismus. Frankfurt a. M. 1983

Rose, Larken: Der Nutzmensch. Fulda 2021

Rottenfußer, Roland: Strategien der Macht. Wie die Eliten uns die Freiheit rauben und wie wir sie zurückgewinnen. Mainz 2023

Saunders, Frances Stonor: Who Paid the Piper. The CIA and the Cultural Cold War. London 2000

Schopenhauer, Arthur: Die Kunst, Recht zu behalten. Hamburg 2020

Schrenck-Notzing, Caspar von: Charakterwäsche. Die Re-education der Deutschen und ihre bleibenden Auswirkungen. Graz 2019

Sharp, Gene: Von der Diktatur zur Demokratie. Ein Leitfaden zur Befreiung. München 2011

Skinner, Burrhus Frederic: Science and Human Behavior. New York 1965

Solschenizyn, Alexander: Der Archipel Gulag. Bern 1974

Teusch, Ulrich: Lückenpresse. Das Ende des Journalismus, wie wir ihn kannten. Frankfurt a. M. 2016

Thaler, Richard H./Sunstein, Cass R.: Nudge. The Final Edition. Dublin 2021
Tögel, Jonas: Kognitive Kriegsführung: Neueste Manipulationstechniken als Waffengattung der NATO. Frankfurt a. M. 2023
Tönnies, Ferdinand: Kritik der öffentlichen Meinung. Berlin 1922
Ulfkotte, Udo: Gekaufte Journalisten. Wie Politiker, Geheimdienste und Hochfinanz Deutschlands Massenmedien lenken. Rottenburg 2014
Ulfkotte, Udo: Volkspädagogen. Wie uns die Massenmedien politisch korrekt erziehen wollen. Rottenburg 2020
Wernicke, Jens: Lügen die Medien? Propaganda, Rudeljournalismus und der Kampf um die öffentliche Meinung. Frankfurt a. M. 2017
Zamjatin, Evgenij Ivanovič: Wir. Zürich 1977

Anderweitige Literatur

Aristoteles: Politik. Stuttgart 1989
Aurel, Marc: Selbstbetrachtungen. Stuttgart 2012
Beck, Friederike: Das Guttenberg-Dossier. Das Wirken transatlantischer Netzwerke und ihre Einflussnahme auf deutsche Eliten. Ingelheim am Rhein 2011
Bentham, Jeremy: Panopticon Letters, Landisville/PA 1787
Bittner, Wolfgang: Der neue West-Ost-Konflikt. Inszenierung einer Krise. Höhr-Grenzhausen 2019
Bittner, Wolfgang: Deutschland – verraten und verkauft. Hintergründe und Analysen. Höhr-Grenzhausen 2021
Bittner, Wolfgang: Die Eroberung Europas durch die USA. Eine Strategie der Destabilisierung, Eskalation und Militarisierung. Frankfurt a. M. 2018

Brzeziński, Zbigniew: The Grand Chessboard. American Primacy and its Geostrategic Imperatives. New York 1997. Deutsche Ausgabe: Die einzige Weltmacht. Amerikas Strategie der Vorherrschaft. Rottenburg 2015

Burckhardt, Jacob: Griechische Kulturgeschichte. Stuttgart 1939

Cook, Andrew: Ace of Spies: The True Story of Sidney Reilly, Inspiration for James Bond. Cheltenham 2004

Costello, John/Tsarev, Oleg: Deadly Illusions: The KGB Orlov Dossier Reveals Stalin's Master Spy. New York 1993

Darwin, Charles: On the Origin of Species. By Means of Natural Selection. Mineola/New York 2015

Effenberger, Wolfgang/Wimmer, Willy: Wiederkehr der Hasardeure. Höhr-Grenzhausen 2014

Effenberger, Wolfgang: Die unterschätzte Macht. Von Geo- bis Biopolitik – Plutokraten transformieren die Welt. Höhr-Grenzhausen 2022

Feuerbach, Ludwig: Das Wesen des Christentums. Köln 2014

Friedländer, Ludwig: Sittengeschichte Roms. Lahnstein 2019

Fukuyama, Francis: The End of History and the Last Man. London 2012

Ganser, Daniele: Illegale Kriege. Wie die NATO-Länder die UNO sabotieren. Eine Chronik von Kuba bis Syrien. Zürich 2017

Ganser, Daniele: Imperium USA. Die skrupellose Weltmacht. Frankfurt a. M. 2022

Goethe, Johann Wolfgang von: Die Wahlverwandtschaften. Hrrsg. von Uwe Lassen. In: Goethes Werke, Bd. 6. München 1982

Hume, David: Eine Unterhaltung über den menschlichen Verstand. Stuttgart 2018

Krone-Schmalz, Gabriele: Eiszeit. Wie Russland dämonisiert wird und warum das so gefährlich ist. München 2018

Lenin, Wladimir Iljitsch: Der Imperialismus als letzte Stufe des Kapitalismus. Hrrsg. von Johannes Wertheim. In: Lenin. Sämtliche Werke, Bd. XIX. Wien 1930

Lenin, Wladimir Iljitsch: Was tun? Hrrsg. von Johannes Wertheim. Titel: Lenin. Sämtliche Werke. Band IV. Wien 1929
Lüders, Michael: Die den Sturm ernten. Wie der Westen Syrien ins Chaos stürzte. München 2017
Lüders, Michael: Die scheinheilige Supermacht. Warum wir aus dem Schatten der USA heraustreten müssen. München 2021
Lüders, Michael: Wer den Wind sät. Was westliche Politik im Orient anrichtet. München 2021
Mackinder, Halford John: Der Schlüssel zur Weltherrschaft. Die Heartland-Theorie. Frankfurt a. M. 2019
Mommsen, Theodor: Römische Geschichte. Berlin 1856
Nietzsche, Friedrich Wilhelm: Also sprach Zarathustra. Ein Buch für Alle und Keinen. Hamburg 2021
Nietzsche, Friedrich Wilhelm: Der Antichrist. Versuch einer Kritik des Christentums. Berlin 1941
Nietzsche, Friedrich Wilhelm: Die fröhliche Wissenschaft. Köln 2009
Nietzsche, Friedrich Wilhelm: Die Geburt der Tragödie aus dem Geist der Musik. Berlin 2016
Nietzsche, Friedrich Wilhelm: Jenseits von Gut und Böse und zur Genealogie der Moral. München 2020
Nietzsche, Friedrich Wilhelm: Menschliches, Allzumenschliches. Ein Buch für freie Geister. Köln 2006
Nietzsche, Friedrich Wilhelm: Morgenröte. Gedanken über die moralischen Vorurteile. München 1985
Orzechowski, Peter: Besatzungszone. Wie und warum die USA noch immer Deutschland kontrollieren. Rottenburg 2019
Petrarca, Francesco: Secretum meum. Mainz 2013
Petrarca, Francesco: Über das Leben in Abgeschiedenheit. Hrsg. von Franz J. Wetz. In: Das einsame Leben. Stuttgart 2004
Petrarca, Francesco: Über den Fürsten. Heidelberg 2005
Ploppa, Hermann: Die Macher hinter den Kulissen. Wie transatlantische Netzwerke heimlich die Demokratie unterwandern. Frankfurt a. M. 2018

Saunders, Frances Stonor: Who Paid the Piper? The CIA and the Cultural Cold War. London 2000

Scherr, Johannes: Germania. Zwei Jahrtausende Kulturgeschichte. Leipzig 2004

Schiller, Friedrich: Wilhelm Tell. Hrsgg. von Reinhard Buchwald und K. F. Reinking. In: Schillers Werke, Bd. IV. Hamburg 1955

Scholl-Latour, Peter: Der Fluch der bösen Tat. Das Scheitern des Westens im Orient. Berlin 2014

Scholl-Latour, Peter: Die Welt aus den Fugen. Betrachtungen zu den Wirren der Gegenwart. Berlin 2013

Schopenhauer, Arthur: Die Welt als Wille und Vorstellung. Köln 2009

Sunzi: Die Kunst des Krieges. Hamburg 2018

Tocqueville, Alexis de: Das Zeitalter der Gleichheit. Eine Auswahl aus dem Gesamtwerk. Stuttgart 1954

Tocqueville, Alexis de: Der alte Staat und die Revolution. Bremen 1959

Tocqueville, Alexis de: Über die Demokratie in Amerika. München 1976

Tönnies, Ferdinand: Gemeinschaft und Gesellschaft. Charlestown/Massachusetts 2005

Tse-Tung, Mao: Das Rote Buch. Worte des Vorsitzenden Mao Tse-tung. Frankfurt a. M. 1972

Tsunetomo, Yamamoto: Hagakure. Der Weg des Samurai. Frankfurt a. M. 2012

Wimmer, Willy: Deutschland im Umbruch. Vom Diskurs zum Konkurs – eine Republik wird abgewickelt. Höhr-Grenzhausen 2018

Vollständige Zitate

Alexis de Tocqueville: »Über die Demokratie in Amerika«

»Ich glaube also, daß die Art der Unterdrückung, die den demokratischen Völkern droht, in nichts der Unterdrückung gleichen wird, die es früher in der Welt gegeben hat; noch nicht einmal die Vorstellung davon könnten unsere Zeitgenossen in ihrer Erinnerung finden. Ich suche vergeblich nach einem Ausdruck, der die Vorstellung, die ich mir davon bilde, genau wiedergibt, und sehe davon ab. Die alten Begriffe Despotismus, Tyrannei passen nicht. Die Sache ist neu, ich muß also versuchen, sie zu umschreiben, da ich sie nicht benennen kann.

Ich will mir also vorstellen, mit welch neuen Merkmalen der Despotismus in der Welt auftreten könnte: ich sehe eine zahllose Menge einander ähnlicher und gleicher Menschen, die sich ohne Unterlaß um sich selbst bewegen, um sich kleine und vulgäre Freuden zu verschaffen, die ihre Seele ausfüllen. Jeder von ihnen sondert sich ab und verhält sich dem Schicksal aller anderen gegenüber wie ein Fremder. Seine Kinder und seine persönlichen Freunde sind für ihn die ganze Menschheit. Was seine übrigen Mitbürger anbetrifft, so befindet er sich zwar neben ihnen, aber er sieht sie nicht. Er berührt sie, aber er empfindet sie nicht. Er existiert nur in sich und für sich allein, und wenn ihm auch noch eine Familie geblieben ist, so kann man sagen, daß er kein Vaterland mehr hat.

Über ihnen allen aber erhebt sich eine ungeheure Vormundschaftsgewalt, die allein sich damit befaßt, ihre Annehmlichkeiten zu sichern und über ihr Ergehen zu wachen. Sie ist absolut, ins einzelne gehend, regelmäßig, vorausschauend und milde. Sie wäre der väterlichen Gewalt zu vergleichen, wenn wie bei dieser das Ziel die Erziehung zum erwachsenen Menschen wäre; aber sie sucht im Gegenteil, den Menschen unabänderlich im Zustand der Kindheit zu halten. Sie sieht es gern, wenn die Bürger es sich gut gehen lassen, vorausgesetzt, daß sie an nichts anderes denken. Sie arbeitet gern für ihr Wohlergehen; aber sie will allein dafür tätig sein und allein darüber befinden. Sie sorgt für ihre Sicherheit, sieht ihre Bedürfnisse voraus und sichert sie, fördert ihre Vergnügungen, führt ihre wichtigsten Angelegenheiten, leitet ihre Arbeit, regelt ihre Nachfolge, verteilt ihre Erbschaften; könnte sie ihnen nicht völlig die Last zu denken und die Mühe zu leben abnehmen?

Auf diese Weise macht sie mit jedem Tag den Gebrauch des freien Willens sinnloser und seltener, verengt sie den Spielraum der eigenen Betätigung des Willens, entzieht sie jedem Bürger Stück auf Stück und schließlich die Verfügung über sich selbst. Auf all dies hat die Gleichheit die Menschen vorbereitet: sie hat sie geneigt gemacht, es hinzunehmen, und oft sogar, es als eine Wohltat zu betrachten.

Wenn so die souveräne Gewalt jeden Einzelnen der Reihe nach in ihre mächtigen Hände genommen und ihn nach ihrem Belieben geknetet hat, breitet sie ihre Arme über die ganze Gesellschaft aus. Sie bedeckt sie in ihrer ganzen Ausdehnung mit einem Netz kleiner und verwickelter Regeln von peinlicher Genauigkeit und Einförmigkeit, durch das hindurch die originellsten und kräftigsten Geister sich nicht mehr Luft verschaffen können, um aus der Menge herauszutreten. Sie bricht den Willen nicht mit Gewalt, sondern weicht ihn auf, macht ihn biegsam und lenkt ihn. Selten zwingt sie zu einer Handlung, aber sie steht ständig dem Handeln im Wege; sie zerstört nicht, aber sie hindert, daß etwas entsteht; sie tyrannisiert nicht, aber sie stört, sie engt ein, sie höhlt aus, sie erstickt, sie stumpft ab und bringt schließlich jede Nation dazu, nur noch eine Herde furchtsamer und fleißiger Tiere zu sein, deren Hirt die Regierung ist.

Ich war immer davon überzeugt, daß diese Art der geregelten, milden und friedlichen Knechtschaft, die ich soeben beschrieben habe, sich besser, als man glaubt, mit einigen äußeren Formen der Freiheit vertragen könnte, und daß es nicht unmöglich sein sollte, diese Freiheit selbst im Schatten der Volkssouveränität herzustellen.«[87]

Aristoteles: »Politik«

»Es dreht sich dabei um das, was schon längst in Hinblick auf die Erhaltung der Tyrannis, soweit das möglich ist, gesagt wurde: diejenigen nämlich, die herausragen, zu stutzen, die Leute mit hohem Selbstvertrauen zu beseitigen, gemeinschaftliche Mahlzeiten nicht zuzulassen, keine Genossenschaften, keinerlei Erziehung und nichts anderes dieser Art, sondern überall das zu wachen, woraus zwei Haltungen zu entstehen pflegen, Selbstvertrauen und Zutrauen nämlich, ferner auch nicht Muße aufkommen zu lassen oder andere ›müßige‹ Zusammenkünfte, und alles zu tun, kraft dessen alle einander möglichst unbekannt bleiben; Bekanntschaft nämlich bewirkt mehr Zutrauen zueinander. Ferner gehört dazu, daß die Einheimischen stets in der Öffentlichkeit sein und bei Hof sich aufhalten sollen. Auf diese Weise nämlich bleibt wohl am wenigsten verborgen, was sie tun, und sie dürfen sich da wohl, weil sie stets sklavisch unterworfen sind, daran gewöhnen, kleinmütig zu denken. Und all das andere kommt noch hinzu, das in solcher Weise von persischer und barbarischer Tyrannenart zeugt; denn dies alles vermag ein und dasselbe. Weiterhin kommt noch, daß man versucht, nicht in Unkenntnis darüber zu sein, was jeder von den Beherrschten gerade spricht oder tut, vielmehr, daß es

Kundschafter gibt, wie etwa in Syrakus die sogenannten Potagogiden und die Lauscher, die Hieron aussandte, wo immer es ein geselliges Zusammensein oder eine Zusammenkunft gab; denn man redet weniger freimütig, wenn man derartige Leute fürchtet, sollte man aber eine freie Rede führen, bleibt man so weniger verborgen. Und dazu gesellt sich der Umstand, die Menschen gegenseitig zu verleumden und Freunde mit Freunden zu verfeinden und das Volk mit den Anerkannten und die Reichen mit sich selber. Und eine tyrannische Haltung ist auch, die Beherrschten arm zu machen, um nicht eine Bürgerwache aufzuziehen und damit die, die in täglicher Arbeit stehen, keinen Anschlag unternehmen. Ein Beispiel sind die Pyramiden in Ägypten und die Weihegaben der Kypseliden, weiterhin der Bau des Olympions durch die Peisistradiden und der der Monumente auf Samos, Werke des Polykrates; all das nämlich vermag ein und dasselbe: Beschäftigung und Armut der Beherrschten. Und hinzu kommt noch die Entrichtung von Steuern, beispielsweise in Syrakus; denn innerhalb von fünf Jahren kam es dort dazu, daß man die gesamte Habe als Steuerbetrag leistete. Der Tyrann ist aber auch ein Kriegserreger, damit die Leute beschäftigt sind und sich fortwährend in einem Bedürfnis nach einem Anführer befinden. Und die Königsherrschaft wird durch die Freunde erhalten, doch tyrannisch ist es gerade, besonders den Freunden zu misstrauen, weil zwar alle ihn (den Tyrannen) aus dem Weg räumen wollen, diese aber dazu am meisten in der Lage sind.

Auch das, was in der letztlichen Demokratie vorkommt, ist alles tyrannisch, die Frauenherrschaft nämlich in den Häusern, damit die gegen ihre Männer herumreden, und das Nachlassen der Sklaven aus demselben Grund. Denn die Sklaven und die Frauen bereiten den Tyrannen keine Nachstellungen, und wenn sie sich wohlbefinden, müssen sie den Tyrannenherrschaften und den Demokratien wohlgesinnt sein. Denn auch das Volk will ein Alleinherrscher sein. Daher ist auch der Schmeichler bei beiden geschätzt, und zwar beim Volk der Volksführer – es ist nämlich der Volksführer ein Schmeichler des Volkes –, doch bei den Tyrannen die, die unterwürfig mit ihnen verkehren, was eben eine Sache der Schmeichler ist. Denn deshalb ist auch die Tyrannis den Schlechten freundlich gesinnt. Werden die nämlich umschmeichelt, freuen sich die Tyrannen; das aber tut wohl keiner, der eine freie Gesinnung hat, vielmehr lieben die Aufrichtigen, aber sie schmeicheln nicht. Und nützlich sind die Schlechten für das Schlechte, denn ›ein Nagel treibt den anderen‹, wie das Sprichwort sagt. Auch daß man keine Freude mit einem ehrwürdigen oder freien Mann hat, ist tyrannisch. Denn für sich nur allein fordert der Tyrann derartiges, der aber, der dagegen selbst stolz ist und frei handelt, beseitigt das Übermaß und das Despotische des Tyrannen. Man haßt also solche Leute, als würden sie die Herrschaft vernichten. Auch der Umstand, daß man eher mit fremden Tischgenossen und Gesellschaften umgeht als mit eigenen Bürgern, ist tyrannisch, da die letzteren Feinde sind, die ersteren aber keinerlei politische Ansprüche geltend machen. Und solcherlei Dinge sind tyrannisch und bedeuten die Erhaltung der Herrschaft, und es fehlt dabei keine Schlechtigkeit. All das kann aber sozusagen auf drei Arten zusammengefaßt werde. Die Tyrannis zielt nämlich auf drei Dinge ab, zum einen darauf, daß die Beherrschten kleinmütig denken (denn niemandem dürfte wohl der Kleinmütige nachstellen), zum zweiten darauf, einander völlig zu mißtrauen (denn nicht eher löst sich eine Tyrannis auf, als bis einige einander vertrauen; daher bekämpfen auch die Tyrannen die Anständigen, als seien sie für die Herrschaft schädlich, und zwar nicht nur, weil sie sich nicht despotisch beherrschen lassen wollen, sondern auch, weil sie sich selber und den anderen treu sind und weder sich noch andere anklagen), und zum dritten auf das Unvermögen in Staatsangelegenheiten; keiner nämlich legt Hand an das Unmögliche, demnach auch nicht, eine Tyrannis zu vernichten, wenn die Macht dazu nicht vorhanden ist. Diese drei machen eben die Definitionen aus, auf die die Absichten der Tyrannen zurückgeführt werden. Denn man kann wohl alles Tyrannische auf diese Voraussetzungen zurückführen, einerseits darauf, daß die Leute einander nicht trauen, andererseits, daß sie nicht in der Macht stehen, und dann noch, daß sie kleinmütig denken.«[88]

Edward Bernays: »Propaganda«

»Die bewusste und intelligente Manipulation der organisierten Gewohnheiten und Meinungen der Massen ist ein wichtiges Element in der demokratischen Gesellschaft. Diejenigen, die diesen unsichtbaren Mechanismus der Gesellschaft manipulieren, bilden eine unsichtbare Regierung, die die wahre herrschende Macht unseres Landes ist.

Wir werden regiert, unser Verstand wird gestaltet, unser Geschmack wird geformt, unsere Ideen werden eingegeben von Menschen, deren Namen wir meist noch nie gehört haben. Das ist eine logische Konsequenz daraus, wie unsere demokratische Gesellschaft organisiert ist. Große Menschenmassen müssen in dieser Weise kooperieren, wenn sie als reibungslos funktionierende Gesellschaft zusammenleben sollen.

Unsere unsichtbaren Regulatoren sind sich in vielen Fällen der Identität der anderen Mitglieder des inneren Kabinetts nicht bewusst.

Sie regieren uns durch ihre natürlichen Führungsqualitäten, ihre Fähigkeit, notwendige Ideen zu liefern, und durch ihre Schlüsselstellung in der sozialen Struktur. Welche Haltung man gegenüber diesem Zustand auch haben mag, es bleibt Fakt, dass wir in fast jeder Handlung unseres täglichen Lebens, sei es in der politischen oder wirtschaftlichen Sphäre, im sozialen Verhalten oder im ethischen Denken, durch eine relativ kleine Anzahl von Personen dominiert sind - ein winziger Anteil unserer hundert und zwanzig Millionen -, die die mentalen Prozesse und sozialen Muster der Massen verstehen.«[89]

Anmerkungen

1 Vgl. Lazarsfeld/Merton 1964, S. 95

2 Vgl. Lippmann 1922, S. 15

3 Vgl. Bernays 1923, S. 150 ff.

4 Vgl. Asch 1951, S. 177 ff.

5 Vgl. Lazarsfeld/Merton 1964, S. 113 f.

6 Vgl. Noelle-Neumann 2001

7 Vgl. Müller, Albrecht: Im Licht der aufgedeckten Fälschungen steht der »Spiegel« ansonsten super sauber da. Zu Unrecht. NachDenkSeiten, 20.12.2018; www.nachdenkseiten.de/?p=47960

8 Vgl. Chomsky 2003, S. 103-119

9 Vgl. Lazarsfeld/Merton 1964, S. 100 ff.

10 Vgl. Mausfeld 2018, S. 32 ff.

11 Vgl. Hein, Matthias von: Die Macht der Massen – Chinas Siedlungspolitik in Tibet. Deutsche Welle, 6.3.2009; www.dw.com/de/die-macht-der-massen-chinas-siedlungspolitik-in-tibet/a-4076418

12 Vgl. Lazarsfeld/Merton 1964, S. 105 f.

13 Tocqueville 1954, S. 97-99

14 Vgl. Esders 2020, S. 38

15 Vgl. Chomsky 2003

16 Vgl. Bundeszentrale für politische Bildung: Bevölkerung mit Migrationshintergrund. 1.1.2022; www.bpb.de/nachschlagen/zahlen-und-fakten/soziale-situation-in-deutschland/61646/migrationshintergrund; Statistisches Bundesamt (Destatis): Bevölkerung und Erwerbstätigkeit: Bevölkerung mit Migrationshintergrund – Ergebnisse des Mikrozensus 2020 – Fachserie 1 Reihe 2.2 – 2020, 2021, S. 31; www.destatis.de/DE/Themen/Gesellschaft-Umwelt/Bevoelkerung/Migration-Integration/Publikationen/Downloads-Migration/migrationshintergrund-2010220207004.pdf?__blob=publicationFile; Anmerkung: Nur Migranten der ersten und zweiten Generation gehen in die Statistik ein.

17 Vgl. Mausfeld 2018, S. 74 ff.

18 Vgl. Swab, Andrew J.: Black Budgets: The U.S. Government's Secret Military and Intelligence Expenditures, Harvard Law School Briefing Papers on Federal Budget Policy, 2019; scholar.harvard.edu/files/briefingpapers/files/72_-_swab_-_black_budgets.pdf

19 Vgl. Ellul 2021, S. 236

20 Vgl. ebd., S. 258

21 Esders 2020, S. 16

22 Vgl. Vorsamer, Barbara: Schmutzige Sprechblasen. Süddeutsche Zeitung, 21. Mai 2010; www.sueddeutsche.de/politik/pr-agentur-hill-amp-knowlton-schmutzige-sprechblasen-1.179920

23 Vgl. etwa Bernert, Jens: Die Lügen der Macht. Rubikon, 17.11.2018; www.rubikon.news/artikel/die-lugen-der-macht-2; Thörner, Marc: War der Giftgasangriff inszeniert?; www.deutschlandfunkkultur.de/duma-in-syrien-war-der-giftgasangriff-inszeniert.979.de.html?dram:article_id=423251

24 Vgl. Fisk, Robert: The search for truth in the rubble of Douma – and one doctor's doubts over the chemical attack. Independent, 17.4.2018; www.independent.co.uk/voices/syria-chemical-attack-gas-douma-robert-fisk-ghouta-damascus-a8307726.html

25 Vgl. ebd.; Lüders 2017, S. 82 ff.

26 Das Wort »Verräter« ist durch andere, beliebig wählbare Kampfbegriffe ersetzbar.

27 Morelli 2014, S. 5

28 Vgl. Chomsky 2003, S. 34

29 Vgl. Stolberg, Benjamin: Vigilantism, The Nation, Band 145, Ausgabe 7, 1937, S. 166-168; web.archive.org/web/20090720035040/http://newdeal.feri.org/nation/na37145p166.htm

30 Vgl. Ministerium für Staatssicherheit: Wörterbuch zur politisch-operativen Arbeit, 1985, S. 464; Engelmann/Joestel: Grundsatzdokumente des MfS. In: Henke/Suckut/Großbölting 2004, S. 287; https://lexikon.stangl.eu/28095/operative-psychologie

31 Vgl. Pingel-Schliemann, Sandra: Zerstörung von Biographien. Zersetzung als Phänomen der Honecker-Ära. In: Conze/Gadjukowa/Kocher-Baumgarten 2009, S. 358 f. sowie S. 266 ff.

32 Vgl. Goldbrunner, Christian: Kritische Stimmen werden entfernt, 20.11.2020; www.nachdenkseiten.de/?p=67155

33 Vgl. Costello/Tsarev 1993; Cook 2004, S. 221 ff.

34 Vgl. Lasswell 2013, S. 29 ff.

35 Vgl. Linebarger 1948, S. 66 ff.

36 Vgl. Mommsen 1856, S. 303

37 Goethe, Johann Wolfgang von: Die Wahlverwandtschaften. Goethes Werke, Bd. 6. München 1982, S. 397

38 Vgl. Chomsky, Noam: Propaganda Terms in the Media and What They Mean. Rede in Wisconsin. März 1990; https://odysee.com/Chomsky-Propaganda:9

39 Vgl. Esders 2020, S. 63

40 Vgl. Mausfeld 2018, S. 199 ff.

41 Vgl. What is the Overton window? New Statesman, 27.4.2015 www.newstatesman.com/politics/2015/04/what-overton-window

42 Bush, George W.: Selected Speeches of President George W. Bush. 2001-2008, georgewbush-whitehouse.archives.gov/infocus/bushrecord/documents/Selected_Speeches_George_W_Bush.pdf

43 Vgl. Ellul 2021, S. 184 ff.

44 Vgl. www.bpb.de/lernen/digitale-bildung/werkstatt/258946/schubs-mich-nicht-nudging-als-politisches-gestaltungsmittel/

45 Vgl. ebd., S. 50-64, S. 157-158, S. 311-322

46 Vgl. Mäckler 2020 sowie Die dunkle Seite der Wikipedia. Nachdenkseiten, 22.10.2015; www.nachdenkseiten.de/?p=28035

47 Vgl. Warnung vor Verfassungsschutz. Eigener Gutachter rät AfD zu anderer Sprache. Tagesspiegel, 2.11.2018; www.tagesspiegel.de/politik/warnung-vor-verfassungsschutz-eigener-gutachter-raet-afd-zu-anderer-sprache/23352910.html; sowie Hauser, Thomas: Geheimpapier veröffentlicht: Analyse zeigt, wie Verfassungsschutz AfD durchleuchtet. Focus Online, 28.1.2019; www.focus.de/politik/deutschland/verschlusssache-geheimpapier-veroeffentlicht-analyse-zeigt-wie-verfassungsschutz-afd-durchleuchtet_id_10241462.html

48 Vgl. Marschall, Christoph von: Ist CDU-Kandidat Maaßen ein Antisemit? Was Neubauer bei Anne Will sagte – und was sie jetzt sagt. Tagesspiegel, 14.5.2022;

www.tagesspiegel.de/politik/ist-cdu-kandidat-maassen-ein-antisemit-was-neu bauer-bei-anne-will-sagte-und-was-sie-jetzt-sagt/27191944.html

49 Orwell 2021, S. 422f.

50 Vgl. Bentham 1787

51 Vgl. Stangl, Werner: Operative Psychologie. Online Lexikon für Psychologie und Pädagogik, Wien 2022; https://lexikon.stangl.eu/28095/operative-psy chologie

52 Aristoteles 1989, S. 286 ff.

53 Bernays 2005, S. 77 ff.

54 Vgl. Tribelhorn, Marc: Meister der Manipulation – wie Edward Bernays mit raffinierter PR-Arbeit unsere Konsumkultur veränderte. Neue Züricher Zeitung, 14.7.2018; www.nzz.ch/gesellschaft/der-heimliche-verfuehrer-ld.1403103

55 Vgl. Office on Smoking and Health (US): Women and Smoking: A Report of the Surgeon General. Kapitel 2. Patterns of Tobacco Use Among Women and Girls. Centers for Disease Control and Prevention (US) 2001; www.ncbi.nlm. nih.gov/books/NBK44311/

56 Vgl. Ellul 2021, S. 245 ff.

57 Tocqueville 1954, S. 99

58 Vgl. Brzeziński 1997, S. 85

59 Vgl. Bittner 2019, S. 202 ff.

60 Vgl. Anzahl der Zuwanderer nach Deutschland von 1991 bis 2020. Statista, 2021; https://de.statista.com/statistik/daten/studie/28347/umfrage/zuwande rung-nach-deutschland/

61 Vgl. Africa Population Growth Rate 1950-2022. Macrotrends, 2022; www.ma crotrends.net/countries/AFR/africa/population-growth-rate; Bundeszentrale für politische Bildung: Bevölkerung mit Migrationshintergrund. 1.1.2022; www.bpb.de/nachschlagen/zahlen-und-fakten/soziale-situation-in-deutsch land/61646/migrationshintergrund; Statistisches Bundesamt (Destatis): Bevölkerung und Erwerbstätigkeit: Bevölkerung mit Migrationshintergrund – Ergebnisse des Mikrozensus 2020 – Fachserie 1 Reihe 2.2 - 2020, 2021, S. 31; www. destatis.de/DE/Themen/Gesellschaft-Umwelt/Bevoelkerung/Migration-Integration/Publikationen/Downloads-Migration/migrationshintergrund-2010220207004.pdf?__blob=publicationFile

62 Vgl. Sunzi 2018, S. 92

63 Vgl. Le Bon 2021, S. 122 ff.

64 Vgl. Ellul 2021, S. 116 ff.

65 Vgl. Schopenhauer 2020

66 per fas et nefas (lat.) = mit erlaubten und unerlaubten Mitteln

67 Vgl. Nietzsche 2020, S. 251 ff.

68 Vgl. Nietzsche 2009, S. 131 ff. (Aph. 110-124); ders. 2020, S. 151 ff. (Aph. 229-231); ders. 2021, S. 55 ff. und S. 109 ff.

69 Vgl. Ellul 2021, S. 110-116

70 Vgl. Schulten-Jaspers, Yasmin: Das Geschäft mit den Nachrichten. European Journalism Observatory, 15.8.2013; de.ejo-online.eu/redaktion-oekonomie/medienokonomie/das-geschaft-mit-den-nachrichten

71 Vgl. Stocker, Wolfgang: Wie arbeiten Nachrichtenagenturen? Deutsche Tageszeitungen; www.deutsche-tageszeitungen.de/pressefachartikel/wie-arbeiten-nachrichtenagenturen/

72 Vgl. Chomsky/Herman 1988, S. 1 ff.

73 Siehe hierzu das folgende Kapitel »Der Imperialismus«

74 Vgl. Krüger 2013 und 2016

75 Vgl. SIRIP Fact Sheet, April 2022. www.sipri.org/sites/default/files/2022-04/fs_2204_milex_2021_0.pdf

76 Vgl. Swab, Andrew J.: Black Budgets: The U.S. Government's Secret Military and Intelligence Expenditures, Harvard Law School Briefing Papers on Federal Budget Policy, 2019; scholar.harvard.edu/files/briefingpapers/files/72_-_swab_-_black_budgets.pdf; Militärausgaben von Russland von 2006 bis 2021. Statista, 2021; de.statista.com/statistik/daten/studie/150888/umfrage/militaerausgaben-von-russland-seit-2000

77 Vgl. USA haben bei weitem die meisten Flugzeugträger weltweit. Statista, 2017; de.statista.com/infografik/8926/flugzeugtrager-nach-laendern-2017/; China feiert sich - und seinen Flugzeugträger. Deutsche Welle, 17.12.2019; www.dw.com/de/china-feiert-sich-und-seinen-flugzeugtrÄďger/a-51711250

78 Vgl. Base structure report – Fiscal year 2008 Baseline. Department of Defense; web.archive.org/web/20110613161424/http://www.acq.osd.mil/ie/download/bsr/BSR2008Baseline.pdf

79 Vgl. Szymanski, Maik: US-Verteidigungsminister in Deutschland: 500 Soldaten für die Freundschaft. Süddeutsche Zeitung, 13.4.2021; www.sueddeutsche.de/politik/austin-soldaten-usa-500-1.5263326

80 Vgl. Sonne, Werner: Atomwaffen im Koalitionsvertrag – Die Bombe bleibt. Cicero, 12.2.2018; www.cicero.de/innenpolitik/atomwaffen-koalitionsvertrag-atombombe-deutschland-usa-nato-aufruestung

81 Vgl. Brzeziński 1997, S. 25

82 Ebd., S. 27

83 Ebd., S. 59

84 Vgl. Lippmann 2018, S. 232 sowie Bernays 2005, S. 38 f.

85 Vgl. ebd., S. 219 f. sowie Bernays 2005, S. 37 f.

86 Vgl. Effenberger 2022

87 Tocqueville 1954, S. 97-99

88 Aristoteles 1989, S. 286 ff.

89 Bernays 2005, S. 37 f.

Belege der Zitate in den Kästen

Seite 10	Orwell 2021, S. 454
Seite 14	Lippmann 2018, S. 121
Seite 15	Le Bon 2001, S. 118
Seite 18	Ellul 2021, S. 35
Seite 19	Ponsonby 1928, S. 13
Seite 21	Chomsky 2002, S. 43
Seite 22	Krüger 2016, S. 85-86
Seite 27	Machiavelli 2019, S. 15
Seite 29	Tocqueville 1954, S. 97-98
Seite 48	Nietzsche 2006, S. 301
Seite 49	Ellul 2021, S. 320
Seite 58	Lasswell 1936, S. 30
Seite 64	Bradbury 2018, S. 73
Seite 66	Aristoteles 1989, S. 289
Seite 82	Ellul 2021, S. 247
Seite 83	Schopenhauer 2020, S. 10
Seite 87	Le Bon 2001, S. 117
Seite 103	Bernays 2005, S. 37

Bildquellenverzeichnis

Seite 113, 114, 115, 116 (u.): gemeinfrei
Seite 116 (o.): CC BY-SA 4.0, Wikimedia Commons, Martap95
Seite 117 (o.): CC BY-SA 4.0, Wikimedia Commons,
Jan van Boeckel, ReRun Productions
Seite 117 (u.): CC BY-SA 2.0, Flickr, Cristal Montañéz
Seite 118 (o.): CC BY 2.0, Flickr, Duncan Rawlinson
Seite 118 (u.): Apolut.net, mit freundlicher Genehmigung
Seite 119 (o.): CC BY-SA 2.0, Flickr, Heinrich-Böll-Stiftung
Seite 119 (u.): Bernd Roeder, mit freundlicher Genehmigung

Das eigene Denken fängt an, wo die Bücher enden. Auf den folgenden Seiten ist Platz für Notizen, zum Beispiel über Propaganda im Alltag, lesenswerte neue Bücher oder Ideen für gemeinschaftliches Handeln.

Eigene Notizen

Eigene Notizen

Eigene Notizen

Eigene Notizen

Eigene Notizen

Auch erschienen im Verlag zeitgeist Print & Online:

Schwarzbuch Wikipedia (zwei Bände)

Von Andreas Mäckler (Hrsg.)

Band 1: Klappenbroschur, 364 Seiten, 13 Abb.

ISBN 978-3-943007-27-5 (Buch)

ISBN 978-3-943007-29-9 (E-Book)

Band 2: Klappenbroschur, 272 Seiten, 25 Abb.

ISBN 978-3-943007-46-6 (Buch)

ISBN 978-3-943007-52-7 (E-Book)

www.schwarzbuch-wikipedia.de

zeitgeist 32
Die Welt mit anderen Augen sehen
Von Überfluss und Überflüssigem
Burnout-Forschung:
Mythos Multitasking und die Beschleunigungsfalle
Individuum versus Kollektiv:
Staat und Demokratie – Verfall (vor-)programmiert?
www.zeitgeist-online.de